essentials

Patrick Horst

Halbzeitbilanz der Trump-Regierung

Innenpolitik – Außenpolitik – Demokratie

 Springer VS

Patrick Horst
Hamburg, Deutschland

ISSN 2197-6708 ISSN 2197-6716 (electronic)
essentials
ISBN 978-3-658-26583-0 ISBN 978-3-658-26584-7 (eBook)
https://doi.org/10.1007/978-3-658-26584-7

Die Deutsche Nationalbibliothek verzeichnet diese Publikation in der Deutschen Nationalbibliografie; detaillierte bibliografische Daten sind im Internet über http://dnb.d-nb.de abrufbar.

Springer VS ist ein Imprint der eingetragenen Gesellschaft Springer Fachmedien Wiesbaden GmbH und ist ein Teil von Springer Nature
Die Anschrift der Gesellschaft ist: Abraham-Lincoln-Str. 46, 65189 Wiesbaden, Germany

Was Sie in diesem *essential* finden können

- Ein Analyseraster für die Leistungsbilanz einer US-Präsidentschaft
- Donald J. Trumps Einstufung im Ranking amerikanischer Präsidenten
- Eine Bilanz der innen- und außenpolitischen Errungenschaften und Fehlleistungen Trumps in den ersten beiden Jahren
- Ein Überblick über Trumps populistische Angriffe auf die liberale Ordnung
- Eine Einschätzung über die Erosion der Demokratie in den USA

Inhaltsverzeichnis

Am 20. Januar 2019 jährte sich Donald J. Trumps Amtseinführung zum zweiten Male – Zeit, eine Halbzeitbilanz zu ziehen. An welchen Kriterien aber soll die Leistungsbilanz eines Präsidenten gemessen werden? Die Zustimmungsraten der Bevölkerung zu seiner Amtsführung sind ein möglicher, aber in mancher Hinsicht problematischer Bewertungsmaßstab. Die Expertenrankings der Historiker und Politikwissenschaftler sind schon etwas objektiver – wenngleich in Zeiten einer Glaubwürdigkeitskrise der Sozialwissenschaften und sogenannter *Fake News* auch nicht über alle Zweifel erhaben. Vor allem Rankings, die pauschal die „Größe" amerikanischer Präsidenten bewerten, sind nicht sehr differenziert und die angelegten Kriterien oft nicht transparent.

Auch Expertenrankings müssen deshalb ergänzt werden durch eine sorgfältige Analyse der einzelnen Politikfelder, die ein Präsident zu bearbeiten hat: Was hat er auf den diversen Feldern der Innenpolitik, was hat er außenpolitisch erreicht? Welche größeren Gesetzeswerke hat er durch den Kongress geschleust, welche Kursänderungen konnte er mit den Mitteln der administrativen Präsidentschaft einleiten, welche internationalen Verträge und Abkommen hat er neu verhandelt und gegebenenfalls im Senat zur Ratifizierung gebracht? Traditionell fließt in die Leistungsbilanz eines Präsidenten auch die Qualität seiner Regierungstechnik ein – die Beziehungen zum Kongress, zu seiner Partei, zum Exekutivapparat des Präsidenten, zu den Gerichten, den Medien und zur Öffentlichkeit (Horst 2017).

Bei Trump stellt sich das Problem, dass er kein Präsident wie jeder andere ist. Er ist als politischer Außenseiter angetreten, der den Sumpf in der Bundeshauptstadt Washington trockenlegen möchte („drain the swamp"). Er ist auch kein herkömmlicher Parteiführer, der aus dem Establishment der Republikanischen Partei kommt, sondern ein „Putschist", der diese Partei gegen ihren Willen „gekapert" hat (Falke 2017), um sein nationalprotektionistisches *America-First*-Programm

© Springer Fachmedien Wiesbaden GmbH, ein Teil von Springer Nature 2019   1
P. Horst, *Halbzeitbilanz der Trump-Regierung*, essentials,
https://doi.org/10.1007/978-3-658-26584-7_1

durchzusetzen – notfalls auch gegen die Republikaner, die traditionell in ihrer Mehrheit für freien Handel und internationale Kooperation eintreten (Horst 2016). Manche meinen deshalb, dass dieser Präsident an anderen Maßstäben als seine Vorgänger zu messen sei (Thunert 2017).

Dieses Argument wird hier zurückgewiesen: Die Kriterien, die einen guten Präsidenten ausmachen, haben sich durch das Auftreten Trumps nicht verändert. Trump ist an denselben Maßstäben zu messen, wie alle anderen Präsidenten vor und nach ihm auch (Herbert et al. 2019, Böller und Siewert 2017). Seine Vorgänger sind auch schon an ihren eigenen Ansprüchen und daran gemessen worden, inwieweit sie ihre Wahlversprechen eingelöst haben. Insofern muss jede Leistungsbilanz ein variables Element enthalten, das auf die besonderen Umstände, Herausforderungen und Ziele einer Präsidentschaft eingeht. Möglich ist, dass bestimmte Messinstrumente bei Trump versagen und deshalb hinterfragt oder neu justiert werden müssen. Immer – nicht nur im Falle Trumps – ist zudem zu achten auf den Unterschied zwischen der empirischen und normativen Bewertung der Performanz. Ein Präsident kann durchaus weitreichende politische Transformationen durchsetzen und in diesem Sinne empirisch erfolgreich sein, ohne dass die Richtung seines politischen Kurses normativ gutzuheißen wäre.

Das Beispiel George W. Bushs ist in dieser Hinsicht instruktiv: Bush war nach einem anerkannten Maßstab derjenige Präsident der Nachkriegszeit, der noch vor Lyndon B. Johnson und Barack Obama den politischen Kurs der Vereinigten Staaten am stärksten verändert hat – jedoch fast überall zum Negativen (Horst 2017, S. 405–407). Auch im Falle der Präsidentschaft Trumps besteht die Möglichkeit, dass er erfolgreich im Sinne seiner politischen Ziele ist, ohne dass er deshalb als „großer" Präsident in die Geschichte eingehen wird. Bei dem offensichtlich autoritär strukturierten 45. Präsidenten wird besonders sorgfältig zu beobachten sein, wie gefährlich die von ihm eingesetzten Instrumente des Regierens für Demokratie und Rechtsstaat sind. Geht die Erosion demokratischer Standards, wie sie etwa im Februar 2019 in der willkürlichen Notstandserklärung des Präsidenten zum Ausdruck kam, schon so weit, dass wir ein Abgleiten in den Autoritarismus zu befürchten haben (Levitsky und Way 2018) – oder haben wir es noch mit einer „liberale(n) Demokratie in der Krise" zu tun (Horst 2018a, Horst et al. 2018)?

Zustimmungsraten und Expertenrankings

2

Gemessen an den Zustimmungsraten der Bevölkerung zur Amtsführung des Präsidenten schnitt kein US-Präsident in den ersten zwei Jahren jemals so schlecht ab wie Donald Trump. Ende Januar 2019 stimmten nur 37 % der Amerikaner seiner Amtsführung zu. Zum Vergleich: Barack Obama und Bill Clinton lagen zur Halbzeit ungefähr bei 50 %, George W. Bush bei 61 %. Von den Präsidenten nach dem Zweiten Weltkrieg war nur Ronald Reagan zu diesem Zeitpunkt ähnlich unpopulär wie Trump; er erholte sich aber von diesem Tiefpunkt und ging mit 63 % Zustimmung aus dem Amt. Selbst Jimmy Carter, mit Harry Truman der unpopulärste aller Nachkriegspräsidenten, lag zur Halbzeit seiner Amtszeit einige Punkte besser als Trump.

Wie unpopulär der 45. US-Präsident in seinen beiden ersten Amtsjahren war, erschließt sich vor allem aus drei Zahlen: Erstens lag seine Eingangspopularität mit 45 % Zustimmung so niedrig wie bei keinem anderen Präsidenten. Nur bei ihm erreichte sie keine 50 % und nicht einmal das Wahlergebnis von 46,2 %. Anders als alle anderen Präsidenten vor ihm genoss Trump somit keinen *Honeymoon*. Zweitens lag Trumps Bestwert nach zwei Jahren im Amt ebenfalls bei nur 45 %. Weder nach der Verabschiedung des Steuergesetzes im Dezember 2017 noch nach den Militärschlägen auf Syrien und auch nicht nach der erfolgreichen Nominierung Brett Kavanaughs für den *Supreme Court* brach Trumps Popularitätsrate aus dem 45-%-Turm aus. Drittens wäre Trump, sollte er seine Popularität in der Zukunft nicht steigern, mit einer durchschnittlichen Zustimmungsrate von 39 % mit Abstand der unpopulärste aller Präsidenten seit Franklin Delano Roosevelt.

Trumps Zustimmungsrate war in den beiden ersten Jahren nicht nur niedrig; sie war auch erstaunlich konstant. Nachdem sie 2017 bis auf 35 % sank, erholte sie sich 2018 und bewegte sich bis Ende Februar 2019 – von kurzfristigen

© Springer Fachmedien Wiesbaden GmbH, ein Teil von Springer Nature 2019

P. Horst, *Halbzeitbilanz der Trump-Regierung*, essentials,

https://doi.org/10.1007/978-3-658-26584-7_2

Ausschlägen nach unten während des *Government Shutdown* abgesehen – kontinuierlich im Korridor von 40 bis 45 %. Die Ursache für die hohe Beständigkeit auf niedrigem Niveau lag in der Polarisierung der Parteien und der wachsenden „negativen Parteilichkeit" (Abramowitz und Webster 2018), die schon unter George W. Bush und Obama erheblich zugenommen hatte, von Trump aber noch einmal auf die Spitze getrieben wurde. Trumps Zustimmungsrate unter Republikanischen Parteianhängern lag zur Halbzeit im Januar 2019 bei 88 %, sie lag fast immer deutlich über 80 %. Demgegenüber stimmten nur sechs Prozent der Demokraten Trump im Januar 2019 zu. Zum Vergleich: Obamas Amtsführung bewerteten im Durchschnitt 80 % der Demokraten und 14 % der Republikaner positiv (Horst 2017, S. 399).

Trumps hohe Popularität bei den Republikanern war für ihn auch deshalb ein Segen, weil sie seine Chancen auf eine Wiederwahl 2020 erhöhte. Trumps Konfrontationsstrategie in den letzten zwei Jahren war erkennbar darauf ausgerichtet, seine konservative Republikanische Basis zu mobilisieren – was ihm bei den Halbzeitwahlen 2018 in einigen wichtigen Wahlkämpfen zum Senat auch gelang (Horst 2019). Wenn er dies 2020 wieder schafft, ist nicht ausgeschlossen, dass er auch mit einer landesweiten Zustimmungsrate von unter 50 % und einem Rückstand im *Popular Vote* von acht bis neun Millionen Stimmen wiedergewählt wird, weil im *Electoral College* die Mehrheit der einzelstaatlichen Wahlmänner und -frauen entscheidet (Horst 2018c, S. 11).

Expertenumfragen, in denen renommierte Historiker, Rechts- und Politikwissenschaftler nach ihrer Einschätzung gefragt werden, gibt es seit Ende der 1940er Jahre. Zwei Rankings waren so aktuell, dass sie Trump bereits berücksichtigten. In einer Befragung von 170 Mitgliedern der *American Political Science Association* aus dem Jahre 2018, ein Jahr nach Amtsantritt des Präsidenten, landete Trump auf dem 44. und letzten Platz – noch hinter James Buchanan, unter dessen Ägide die USA in den Bürgerkrieg schlitterten. Hier wurde pauschal nach der „Overall Greatness" der Präsidenten gefragt (Eady et al. 2018).

Das Ranking des *Siena College Research Institute* (SCRI) in New York, das seine Umfragen seit 1982 immer zwei Jahre nach dem Amtsantritt eines neuen Präsidenten durchführt, ging dagegen differenzierter vor. Hier hatte jeder Experte 20 Kategorien auf einer Skala von 1 (schlecht) bis 5 (exzellent) zu bewerten. Die 20 Kategorien teilten sich in sechs Eigenschaften, fünf Fähigkeiten, acht Errungenschaften und eine Restkategorie auf. Das Gesamtranking wurde dann aus den 20 Kategorien zu gleichen Anteilen ermittelt. Im aktuellen Ranking, das im Februar 2019 publiziert wurde, nahm Trump den 42. und drittletzten Platz vor James Buchanan und Schlusslicht Andrew Johnson ein.

In differenzierter Betrachtung lag Trump bei neun von 20 Kategorien auf einem der beiden letzten Plätze. Unter den Eigenschaften betraf dies seinen Hintergrund, seine Integrität und seine Intelligenz. Bei den Errungenschaften wurden Trumps exekutive Ernennungen, seine Parteiführerschaft und seine Beziehungen zum Kongress als Totalausfall bewertet. Als besonders inkompetent galt er den Experten mit Blick auf Kompromissfähigkeit, Kommunikationsfähigkeit und seine gesamten Fähigkeiten. Am besten schnitt Trump ab in den Kategorien Glück (Platz 10), Risikobereitschaft (Platz 25) und in Bezug auf seine wirtschaftspolitischen Errungenschaften, die aber auch nur einen schlechten 39. Platz im Ranking erreichten (SCRI 2019).

Auf innenpolitischem Gebiet erwischte Präsident Trump einen katastrophalen Start. Obwohl er an der Spitze eines *unified government* stand und über Mehrheiten der Republikanischen Partei in beiden Häusern des Kongresses verfügte, scheiterte Trumps Top-Priorität – die Abschaffung und Ersetzung von Obamas Gesundheitsreform – an den Realitäten und der Zerstrittenheit der Republikanischen Partei. Seinen ersten großen Erfolg erzielte Trump erst nach elf Monaten mit der Verabschiedung des – wirtschafts- und sozialpolitisch allerdings kritisch zu sehenden – Steuersenkungsgesetzes kurz vor Weihnachten 2017. Effektiv war Trump mit seinen wirtschafts-, finanz- und umweltpolitischen Deregulierungsmaßnahmen. Seine repressiven und fantastischen (Mauerbau) Initiativen in der Einwanderungspolitik riefen erhebliche Widerstände hervor und bleiben hart umkämpft. Unterhalb des Radars der öffentlichen Aufmerksamkeit gab es erstaunlich viel Spielraum für parteiübergreifende Zusammenarbeit (s. Tab. 3.1).

3.1 Das Scheitern des American Health Care Act

In der ersten Jahreshälfte 2017 absorbierte der Versuch, Obamas *Affordable Care Act* (ACA) aus dem Jahre 2010 zu widerrufen und durch eine bessere Version zu ersetzen, fast alle legislativen Energien – ohne Erfolg. Gegen etwas in der Opposition mit reichlich abstrakten, ideologischen Argumenten Sturm zu laufen, war dann doch etwas anderes, als in der Regierungsverantwortung dafür einen adäquaten Ersatz zu finden. Obamas Gesundheitsreform war zwischenzeitlich so populär wie noch nie geworden; eine Mehrheit der Amerikaner sah die Reform in der ersten Jahreshälfte 2017 positiv. Vor allem gefiel den Amerikanern,

© Springer Fachmedien Wiesbaden GmbH, ein Teil von Springer Nature 2019   7
P. Horst, *Halbzeitbilanz der Trump-Regierung*, essentials,
https://doi.org/10.1007/978-3-658-26584-7_3

Tab. 3.1 Trumps innenpolitische Halbzeitbilanz

Errungenschaften	Fehlleistungen
Tax Cuts and Jobs Act	Scheitern des *American Health Care Act*
Widerruf von 16 Verordnungen Obamas über	Kein Bau der Mauer
den *Congressional Review Act*	Keine Einwanderungsreform
Wirtschafts-, finanz- und umweltpolitische	Keine Lösung für die *Dreamer*
Deregulierungen	Kein großes Infrastrukturprogramm
Erlaubnis von Ölbohrungen in der Arktis	Längster *Government Shutdown* in der
Einreisestopp *(Muslim Ban)*	US-Geschichte

Quelle: Eigene Zusammenstellung

dass die Krankenversicherungen ihnen nicht mehr wegen Vorerkrankungen eine Versicherung verwehren oder sie ganz aus der Versicherung hinauswerfen konnten. Auch dass die Kinder bis zum 26. Lebensjahr mitversichert werden konnten, fanden sie gut.

Diese beiden besonders populären Bestimmungen des ACA hätte auch der *American Health Care Act* (AHCA) der Republikaner nicht angetastet. Deren Reformvorschlag beschränkte sich auf die Abschaffung der Krankenversicherungssteuern, darunter die besonders umstrittene Strafsteuer auf – zumeist junge, gesunde – Amerikaner, die sich dem Versicherungszwang entziehen wollten. Sie hätte auch größere Arbeitgeber von ihrer Verpflichtung befreit, ihren Angestellten eine Versicherung anzubieten. Und sie hätte die Leistungen bei *Medicaid,* der Krankenversicherung für die Armen, wieder gekürzt (Schier und Eberly 2017, S. 61).

Die Senatsversion des AHCA, der *Better Care Reconciliation Act,* scheiterte am 27. Juli 2017 endgültig, nachdem drei Republikaner ihm die Zustimmung verweigert hatten – Lisa Murkowski aus Alaska, Susan Collins aus Maine und der krebskranke John McCain (Arizona), der seine Rehabilitation unterbrach und nach Washington reiste, wo er im Plenum des Senats den Daumen senkte. Der Widerstand in der Republikanischen Partei war aber größer, als es das enge Ergebnis von 49 zu 51 Stimmen aussagte. McCain, der ein Jahr später starb, stimmte gegen das Gesetz, um schätzungsweise zehn weiteren Reformgegnern in seiner Partei ein Ja zu ermöglichen. Der Republikanische Präsidentschaftskandidat von 2008 übte hier in vorbildlicher Weise Parteisolidarität: Er gab seinen Parteifreunden Cover und zog den Unmut Trumps und seiner Anhänger auf sich (Schier und Eberly 2017, S. 65).

Neben einer Minderheit der Republikaner und einer geschlossenen Ablehnungsfront der Demokraten war auch eine Mehrheit der amerikanischen

Bevölkerung gegen den Gesetzentwurf. Ihren Widerstand hatten außerdem die einflussreichen Interessenverbände der Ärzte *(American Medical Association)*, der Krankenversicherer *(American Health Insurance Plans, Blue Cross Blue Shield Association)*, der älteren Menschen *(American Association of Retired People)* und eine Reihe von Krankenhäusern zu Protokoll gegeben. Das Gesetz war in ihrem Urteil keine Verbesserung, sondern eine Verschlechterung gegenüber dem Status quo. Nach Schätzungen des *Congressional Budget Office* (CBO) hätte der am Ende zur Abstimmung gestellte „skinny repeal" im kommenden Jahrzehnt 15 Mio. Amerikaner der Krankenversicherung beraubt und die Beiträge um etwa 20 % erhöht.

3.2   Der Tax Cuts and Jobs Act

Das Scheitern des AHCA hätte beinahe auch das große Steuersenkungspaket, den *Tax Cuts and Jobs Act* von 2017, gefährdet, der dann aber kurz vor Weihnachten von den Republikanern gegen die geschlossene Ablehnungsfront der Demokraten verabschiedet und von Präsident Trump unterzeichnet werden konnte. Das Steuergesetz war Trumps größter gesetzgeberischer Erfolg in den ersten beiden Jahren. Es senkte die Einkommenssteuer für die meisten Steuerzahler für die nächsten acht Jahre, reduzierte die Körperschaftssteuer dauerhaft von 35 auf 21 %, senkte die alternative Mindeststeuer für Personen und schaffte sie für Körperschaften ganz ab. Nach dem neuen Steuerrecht werden Erbschaften erst besteuert, wenn sie 11,2 Mio. US$ übersteigen, davor lag die Bemessungsgrenze nur halb so hoch. Faktisch wurde die Erbschaftssteuer damit abgeschafft; sie trifft nun nur noch etwa 2000 Personen.

Außerdem wurde als Teil der Steuererhöhung auch die Versicherungspflicht des ACA einkassiert – heißt: die Strafsteuer für diejenigen, die sich keine Krankenversicherung leisten wollen. Damit wurde Obamas Gesundheitsreform doch noch empfindlich getroffen, weil nun schätzungsweise etwa elf Millionen Amerikaner aus dem Krankenversicherungszwang ausscheren und damit die Beiträge für den Rest in die Höhe treiben. Bestandteil des Steuergesetzes war auch die jahrelang umkämpfte Erlaubnis von Öl- und Gasbohrungen in der Arktis, die Lisa Murkowski durchsetzte. Der *Tax Cuts and Jobs Act* soll nach den Vorstellungen der Republikaner die Steuerzahler in den nächsten zehn Jahren um 1,5 Billionen US$ entlasten; er soll die Wirtschaft mit „rocket fuel" (Trump) befeuern sowie für Wachstum an Arbeitsplätzen und bei den Löhnen sorgen. Nach dem Vorbild Reaganscher „voodoo economics" (George H. W. Bush) soll die Steuerreform aufkommensneutral sein, also nicht weiter zu Haushaltsdefizit und Verschuldung der USA beitragen. Dieses Versprechen erfüllte sich jedoch schon damals nicht (Horst 1995).

Von Ökonomen wurde das Steuergesetz überwiegend kritisch bewertet, obwohl es – im Verbund mit Trumps protektionistischer Handelspolitik und seinem ehrgeizigen Deregulierungsprogramm – kurzfristig durchaus einige positive Wirtschaftsdaten erzeugte. So zog das Wirtschaftswachstum im zweiten und dritten Quartal 2018, den beiden entscheidenden Quartalen vor den Halbzeitwahlen im November, auf 4,2 und 3,4 % an. Obama hatte demgegenüber im Durchschnitt der letzten Jahre nur ein Wachstum von etwa zwei Prozent aufzuweisen.

Beim Zuwachs an Arbeitsplätzen setzte sich der positive Trend unter Obama weiter fort; schon seit Ende der ersten Amtszeit Obamas wuchs die amerikanische Wirtschaft um durchschnittlich 200.000 Arbeitsplätze im Monat. Bei den Arbeitsplätzen in der verarbeitenden Industrie, die Trump besonders am Herzen lagen, beschleunigte sich der positive Trend: Nachdem zwischen 2000 und 2010 sechs von 17,5 Mio. Arbeitsplätze in diesem Wirtschaftssektor verloren gingen, stieg die Zahl seitdem wieder auf 12,8 Mio. Arbeitsplätze an. Unter Trump kamen in den ersten beiden Jahren 473.000 Arbeitsplätze hinzu, das war ein Zuwachs von knapp vier Prozent. Die Arbeitslosenrate stand im Februar 2019 bei 3,8 %, was im Urteil der Ökonomen einer Vollbeschäftigung entsprach.

Kritischer war die Entwicklung am Aktienmarkt: Der Dow-Jones-Index stieg zwar 2017 zunächst weiter steil an, im zweiten Amtsjahr von Trump sank er allerdings um 5,6 % – der stärkste Einbruch seit der Finanzkrise von 2008 (He et al. 2019). Auch sonst mehrten sich im Januar 2019 die Zeichen, dass eine Rezession vor der Tür stehen könnte. Besonders dramatisch war vor dem Hintergrund des robusten wirtschaftlichen Wachstums die Entwicklung des Haushaltsdefizits und der Bundesschuld. Das Haushaltsdefizit stieg 2018 auf 779 Mrd. an. Unter der Voraussetzung, dass die Steuer- und Ausgabenpolitik im kommenden Jahrzehnt so weitergeführt wird wie bisher, würde die Verschuldung des Bundes bis 2019 auf 93 % des Bruttosozialprodukts ansteigen. Vom 60-%-Kriterium des Maastricht-Vertrags, das für die USA zwar nicht gilt, aber ökonomisch ein sinnvoller Maßstab ist, sind die USA schon heute weit entfernt; bei Fortführung der jetzigen Politik wären sie in zehn Jahren finanzpolitisch in einer Situation, wie es aktuell Frankreich und Spanien sind (CBO 2019).

Gesellschaftspolitisch zutiefst problematisch war die sozial ungerechte Verteilung der Steuernachlässe zugunsten der Reichen. Das Steuergesetz änderte nichts an der zuvor schon skandalösen Bereicherung der oberen zehn und ein Prozent der Einkommensbezieher; sie verschärfte die Umverteilung noch. Seit 1980, also etwa seit Beginn der Präsidentschaft Reagans, war der Anteil der oberen zehn Prozent am nationalen Reichtum nach Steuern von 30 % auf knapp 40 % im Jahre 2014 gestiegen. Im selben Zeitraum war der Anteil der unteren 50 % von über 25 auf unter 20 % gesunken. Während die oberen ein Prozent 1980 an heutiger Kaufkraft gemessen noch 428.000 US$ im Jahr verdienten, waren es 2014 dreimal so viel: 1,3 Mio. US$. Das Einkommen der unteren 50 % stagnierte im selben Zeitraum bei etwa 16.000 US$. 1980 verdiente ein Angehöriger der oberen ein Prozent vor Steuern 27 Mal so viel wie ein Angehöriger der unteren Einkommenshälfte. 2014 waren es 81 Mal so viel (Piketty et al. 2018).

3.3 Wirtschafts-, finanz- und umweltpolitische Deregulierung

Trotz ihrer finanzpolitischen Gefahren und verteilungspolitischen Ungerechtigkeiten war Trumps wirtschaftspolitische Leistungsbilanz insgesamt besser, als es das SCRI-Expertenranking darstellt. Ein 39. Platz im historischen Vergleich ist auch deshalb nicht zu rechtfertigen, weil Trump mit dem Abbau diverser Regulierungen aus Obamas Amtszeit relativ weit vorankam. Das betraf zunächst die 16 Verordnungen, die 2017 und 2018 mithilfe des *Congressional Review Act* (CRA) widerrufen wurden. Abgeschafft wurde zum Beispiel eine Verordnung, die von Bergbauunternehmen die Offenlegung ihrer Zahlungen an ausländische Regierungen verlangte. Auch wurden Bergwerke von der Verpflichtung befreit, beim Abbau der Kohle nicht die lokalen Wasserwege zu verschmutzen. Eine andere zurückgenommene Verordnung befreite die Sozialversicherungsbehörden von der Pflicht, den Strafverfolgungsbehörden im Rahmen ihrer Hintergrundchecks bei Waffenkäufen Daten über psychiatrisch auffällige Personen herauszugeben. Ferner wurde es den Regierungen der Einzelstaaten wieder ermöglicht, Gelder an Gesundheitsdienstleister wie *Planned Parenthood,* die Frauen bei Abtreibungen beraten, zu sperren (Schier und Eberly 2017, S. 73–79; Mayhew 2019).

Per Gesetz gelang es Trump und den Republikanern im Mai 2018 außerdem, Obamas Finanzmarktregulierungsgesetz aus dem Jahre 2010 zu beschneiden. Das Gesetz erhielt zwar die *Volcker Rule,* die den Banken besonders riskante, kurzfristige Spekulationen untersagt, und die zuständige Verbraucherschutzbehörde *(Consumer Financial Protection Bureau)* am Leben, räumte aber mit einer Reihe von Berichts- und Liquiditätsvorhaltungspflichten auf, die kleinen und mittelgroßen Banken ihr Geschäft erschwert hatten. Die Lockerung der Bankenregulierung gewann auch die Zustimmung von 50 Demokraten in beiden Häusern des Kongresses.

Seine Deregulierungsagenda verfolgte Trump nicht nur über den Gesetzgebungs-, sondern auch über den Verordnungsweg. Vor allem Auflagen des Umwelt- und Naturschutzes hatte er im Blick, weshalb die mittlerweile über Korruptionsskandale gestürzten Scott Pruitt, Direktor der Umweltschutzbehörde EPA (17. Februar 2017 bis 5. Juli 2018), und Innenminister Ryan Zinke (1. März 2017 bis 2. Januar 2019) in den ersten anderthalb bis zwei Jahren eine wichtige Funktion in der Regierung innehatten. Neben der Identifizierung von Verordnungen, die über den CRA rückgängig gemacht werden konnten, oblag es ihnen, die Implementation von Verordnungen zu verzögern (Thrower 2018), zu blockieren oder auch zu widerrufen. Zwei Verordnungen standen dabei im Zentrum, deren Widerruf Trump bereits im Februar und März 2017 per Exekutivorder angekündigt hatte: die Wasserwegeverordnung *(Waters of the United States rule)* und der *Clean Power Plan.*

Beide Verordnungen können wohl – darüber gibt es unterschiedliche Rechtsauffassungen – nicht einfach widerrufen, sondern müssen neu formuliert werden, weil ihnen ein Gesetzesauftrag im *Clean Air Act* beziehungsweise *Clean Water Act* zugrunde liegt. Der umständliche Verordnungsweg nach dem *Administrative Procedures Act* kann dauern; bis Ende Januar 2019 hatte die EPA in beiden Fällen noch keinen alternativen Verordnungsentwurf vorgelegt. Mit Sicherheit werden diese Entwürfe Widerstand hervorrufen und vor Gericht angefochten werden. Als das Innenministerium im Januar 2018 Öl- und Gasbohrungen in dem meisten Küstengewässern freigab, stieß dies ebenfalls auf den Widerstand nicht nur Demokratisch regierter Staaten (Konisky und Woods 2018, S. 356–362).

3.4   Einwanderungspolitik

Obwohl Trumps Wirtschafts- und Deregulierungspolitik sein stärkstes Pfund war, verzichtete er vor den Halbzeitwahlen darauf, damit zu wuchern. Stattdessen zog er es vor, die Angst vor einer Invasion illegaler Einwanderer aus Mittelamerika zu schüren (Horst 2019). In dem neben den Importzöllen zentralen Anliegen von Trumps *America-First*-Politik – dem Bau der Mauer an der Grenze zu Mexiko und dem Stopp von illegaler Einwanderung – war seine Halbzeitbilanz jedoch mager. Weder gelang ihm eine umfassende Einwanderungsreform, noch fand er eine Lösung für die etwa 800.000 *Dreamer,* die vor 2007 als Minderjährige illegal in die USA gekommen waren und seit Juni 2012 durch ein spezielles Programm Obamas vor Abschiebung geschützt wurden. Im September 2017 ordnete Trump die Außerkraftsetzung des Abschiebeschutzes an und setzte der Legislative eine halbjährige Frist, um eine Lösung für die *Dreamer* zu finden. Nachdem der

Kongress die Frist ungenutzt verstreichen ließ, hätten die Abschiebungen wieder aufgenommen werden müssen. Zwischenzeitlich hatten jedoch mehrere Bundesgerichte entschieden, dass der Abschiebeschutz fortgeführt werden musste.

Auch andere Initiativen des Präsidenten in der Einwanderungspolitik waren kaum von Erfolg gekrönt, sondern wurden zumeist von den Gerichten gestoppt oder mit Auflagen versehen, die Trumps Politik abschwächten. Seinen umstrittenen Einreisestopp *(Muslim Ban)* vom 27. Januar 2017, mit dem er „radikale islamische Terroristen aus den USA heraushalten" wollte, musste er auf Intervention der Gerichte zweimal überarbeiten. Die dritte Version galt dann nur noch für Einreisende aus sechs überwiegend muslimischen Ländern (Irak, Iran, Jemen, Libyen, Syrien und dem Tschad) sowie aus Nordkorea und Venezuela und musste rechtsstaatliche Sicherungen beachten. Im April 2018 wurde der Tschad von der Einreisesperre ausgenommen.

Auch in der dritten Version sahen Bundesgerichte erster und zweiter Instanz noch eine unzulässige Delegation an den Präsidenten und eine religiöse Diskriminierung; sie wurden jedoch im August 2018 in *Trump v. Hawaii* von der konservativen 5:4-Mehrheit des *Supreme Court* überstimmt. *Chief Justice* John Roberts argumentierte für die Mehrheit, dass das zugrunde liegende Einwanderungs- und Staatsangehörigkeitsgesetz dem Präsidenten einen „breiten Ermessensspielraum" einräume, einer bestimmten Kategorie von Ausländern die Einreise zu verweigern – „so wie er es für angemessen erachtet". Beim Einwanderungsrecht handele es sich um ein „fundamental politisches Recht", das die nationale Souveränität tangiere und daher der richterlichen Kontrolle weitgehend entzogen sei.

Mit weiteren Versuchen, eine repressive Einwanderungspolitik durchzusetzen, stieß Trump ebenfalls an Grenzen. So wurde ihm gerichtlich untersagt, den Jurisdiktionen, die sich zu Zufluchtsstätten *(Sanctuary Cities* oder *Sanctuary States)* für Einwanderer ohne gültige Papiere deklariert hatten, Bundesgelder zu sperren. Auch seine Politik der Familientrennung bei Festnahmen an der Grenze musste Trump im Juni 2018 nach heftigen Protesten quer durch die amerikanische Gesellschaft und beide Parteien revidieren. Ein Bundesrichter in Kalifornien ordnete überdies die Wiederzusammenführung bereits getrennter Familien innerhalb einer kurzen Frist von 14 Tagen an (Reich 2018).

Das vielleicht größte innenpolitische Versäumnis der ersten beiden Jahre war Trumps Unfähigkeit, den Kongress von der Bewilligung der notwendigen Gelder für den Mauerbau an der Grenze zu Mexiko zu überzeugen. Selbst durch den mit 35 Tagen längsten *Government Shutdown* in der US-Geschichte an der Jahreswende 2018/2019 ließ sich der Kongress nicht dazu bewegen, dem Präsidenten die gewünschten 5,7 Mrd. US$ zur Verfügung zu stellen. Trump rief daraufhin am 15. Februar den nationalen Notstand aus. Seiner Auffassung nach gab ihm die „Grenzschutz- und humanitäre Krise" an der Grenze zu Mexiko das Recht, Gelder aus dem Verteidigungshaushalt zur Bekämpfung dieses Notstands umzuleiten. Das Repräsentantenhaus (Haus) wies ihn am 26. Februar mit 245 zu 182 Stimmen, darunter 13 Republikaner, zurück. Der Senat folgte am 14. März mit 59 zu 41 Stimmen. Ein Dutzend Republikaner stimmte gegen Trump. Der Präsident legte daraufhin sein erstes Veto ein. Letztendlich wird der Konflikt vor Gericht entschieden werden müssen, wo bereits zahlreiche Klagen gegen die Notstandserklärung anhängig waren.

So handwerklich schlecht Trumps Einwanderungspolitik in den ersten beiden Jahren war, vermittelte sie medial doch wenigstens den Eindruck eines kämpferischen Aktionismus. Ein Anhänger des Präsidenten konnte denken, dass Trump alle Hebel, über die er verfügte, in Bewegung setzte. Der Präsident äußerte im Zusammenhang mit seiner Notstandserklärung die Erwartung, dass die Gerichte ihn zwar zunächst stoppen würden, er dann aber wie beim *Travel Ban* vor dem *Supreme Court* Recht bekäme. Darin könnte er sich zwar täuschen, weil es in dieser Frage weniger um das Einwanderungsgesetz als um das Budgetrecht des Kongresses und die Frage geht, ob ein nationaler Notstand vorliegt, wenn das Handeln des Kongresses und des Präsidenten das Gegenteil nahelegen (Huq 2019; Gorod 2019). Seiner Sache wäre aber trotzdem gedient, weil die endgültige Entscheidung über den Mauerbau bis zur Präsidentschaftswahl offengehalten würde. Der *Supreme Court* wird wahrscheinlich im Sommer 2020, wenige Monate vor der Präsidentschaftswahl, sein Urteil sprechen. Im November werden dann die Wähler über Trumps Mauer entscheiden.

3.5　　Parteiübergreifende Zusammenarbeit

Öffentlich weitgehend unbeobachtet konnte der 115. Kongress eine Reihe von Gesetzen verabschieden, die von Republikanern und Demokraten gemeinsam getragen wurden: zwei weitreichende Reformen des Ministeriums für Kriegsveteranen, die auf organisatorische Missstände in diesem Ministerium reagierten und den Veteranen eine Option auf den Abschluss privater Krankenversicherungen eröffneten; ein Agrargesetz, das aber nicht die von Trump gewünschten Verschärfungen im *Food-Stamps*-Programm, einem Lebensmittelhilfeprogramm für Langzeitarbeitslose, aufnahm; ein umfassendes Gesetzespaket zur Bekämpfung der grassierenden Opiatabhängigkeit in der Gesellschaft; und eine Strafrechtsreform, die das Ziel verfolgte, die Strafbemessungen und die Überbevölkerung der Gefängnisse mit Kleinkriminellen zu reduzieren.

Dieser Gesetzgebungserfolg zu Weihnachten 2018 ging auf eine Koalition merkwürdiger Bettgenossen zurück – Jared Kushner, Trumps Schwiegersohn, und Cory Booker, der schwarze Demokratische Senator von New Jersey und aktuelle Präsidentschaftsbewerber zählten hier zu den treibenden Kräften.

Auch wenn der Anteil der Trump-Regierung am Zustandekommen dieser Gesetze zumeist gering zu veranschlagen war, und auch wenn ein milliardenschweres Infrastrukturprogramm, wie es Trump im Wahlkampf angekündigt hatte, nicht darunter war, so stand der Präsident den Gesetzen zumindest nicht im Wege. Im historischen Vergleich war der Kongress in den ersten beiden Jahren unter seiner „Führung" zwar nicht so produktiv wie unter George W. Bush und Obama; mit dem Gesetzesoutput des 103. Kongresses unter Clinton (1993–1994) konnte er aber Schritt halten. Den Output wichtiger Gesetze der ersten Kongresse unter den neugewählten Präsidenten Carter, Reagan und George H.W. Bush übertraf der 115. Kongress sogar (s. Tab. 3.2).

Tab. 3.2 Bedeutende Errungenschaften in den ersten beiden Jahren einer Präsidentschaft, Truman bis Trump (1949–2018)

Unified Government			Divided Government		
	Historisch	Bedeutend		Historisch	Bedeutend
Truman 49–50	2	10			
Eisenhower 53–54	–	9			
Kennedy 61–62	1	14			
Johnson 65–66	3	19	Nixon 69–70	–	22
Carter 77–78	–	12	Reagan 81–82	2	7
			Bush 89–90	1	8
Clinton 93–94	2	10	Bush 01–02	5	11
Obama 09–10	4	12			
Trump 17–18	2	10			

Quelle: David R. Mayhew (2005, 2019)

Trumps außenpolitische Leistungsbilanz

4

Anders als bei seinen Vorgängern George W. Bush, der den Kongress für den „Krieg gegen den Terror" und den Irakkrieg mobilisierte, und Barack Obama, der den *New-START*-Vertrag mit Russland zur Abrüstung von Nuklearwaffen im Senat ratifizierte, waren unter Trumps bedeutenden Errungenschaften der ersten beiden Jahre keine außenpolitischen Vereinbarungen, die vom Kongress ratifiziert werden konnten. Trumps größte „Erfolge" waren seine Einfuhrzölle, die aber nur bescheidene Effekte für die heimischen Arbeitsplätze hatten und ohne Wirkung auf die negative Handelsbilanz blieben. Das wirkliche Fiasko von Trumps Außenpolitik bestand jedoch in seiner Untergrabung der liberalen internationalen Ordnung und der Rolle der USA als legitimer Führungsmacht ebendieser Ordnung (Tab. 4.1).

4.1 Keine großen Deals

Dem selbstpromoteten großartigsten Dealmaker auf Erden (Trump 2015) gelang es weder, Mexiko davon zu überzeugen, die Mauer zu finanzieren noch China in eine Handelsvereinbarung mit den USA zu pressen. Auch der von Trump erhoffte Deal mit Nordkoreas Diktator Kim Jong-un über eine Kontrolle des Nuklearwaffenprogramms kam bisher nicht zustande, weil Trumps bedingungslose Forderung nach einer kompletten Aufgabe des Programms völlig unrealistisch war (Panda und Narang 2019). Am nächsten kam der Präsident dem Abschluss eines Deals noch in seinen Verhandlungen mit Mexiko und Kanada über eine Reformulierung des nordamerikanischen Freihandelsabkommens Nafta. Nach mehr als einjähriger Dauer konnten die Verhandlungen am 30. September 2018 abgeschlossen und das *United States-Mexico-Canada Agreement* (USMCA) zwei Monate später unterzeichnet werden. Um in Kraft zu treten, muss das

© Springer Fachmedien Wiesbaden GmbH, ein Teil von Springer Nature 2019   17
P. Horst, *Halbzeitbilanz der Trump-Regierung,* essentials,
https://doi.org/10.1007/978-3-658-26584-7_4

Tab. 4.1 Trumps außenpolitische Halbzeitbilanz

Errungenschaften	Fehlleistungen
Neuverhandlung von Nafta: USMCA	Kein Geld von Mexiko für die Mauer
Importzölle	Kein Deal mit China
Aufkündigung internationaler Abkommen:	Kein Deal mit Nordkorea
TPP, Pariser Klimaschutzabkommen, Iran-	Kein Abbau des Handelsbilanzdefizits
Deal	Schwächung der Nato und des Verhält-
Kündigung des INF-Vertrags	nisses zu den Alliierten
Zusagen der Nato-Partner, ihre Ver-	Hofieren autokratischer Regime
teidigungsausgaben zu steigern	Kein kompletter Abzug von US-Truppen
Verlegung der amerikanischen Botschaft in	aus Syrien & Afghanistan
Israel nach Jerusalem	Abkehr vom liberalen Internationalismus

Quelle: Eigene Zusammenstellung

Abkommen jedoch noch eine Mehrheit in beiden Häusern des Kongresses finden, was ein schwieriges Unterfangen wird. Nicht nur die Demokraten mit ihrer neugewonnenen Mehrheit im Haus, sondern auch die Republikaner meldeten erheblichen Veränderungsbedarf an USMCA an (Villareal und Ferguson 2019).

4.2   Einfuhrzölle ohne erhoffte Wirkung

In Ermangelung abgeschlossener internationaler Abkommen und Verträge waren die verhängten Importzölle bisher die größten außenpolitischen „Erfolge" der Trump-Regierung. Überraschenderweise traf es im April 2017 zunächst nicht Mexiko oder China, sondern kanadische Firmen, die Nutzholz in die USA einführten. Sie wurden mit Zöllen von drei bis 24 % auf Waren im Wert von 5,6 Mrd. US$ belegt. Im Januar 2018 wurden dann Importzölle auf chinesische Solarpanels (30 %) und koreanische Waschmaschinen (zwischen 20 und 50 %) eingeführt. Im März folgten Zölle auf Stahl (25 %) und Aluminium (10 %), von denen anfänglich Mexiko, Kanada und die Europäische Union (EU) ausgenommen waren. Im Juni 2018 wurden aber auch sie mit den Einfuhrzöllen belegt. Am schärften ging die Trump-Regierung gegen chinesische Firmen vor, denen im Juli und August Zölle von 25 % auf Hochtechnologieprodukte wie Flugzeugteile, Flachbildfernseher und medizinische Spezialgeräte im Wert von 50 Mrd. US$ auferlegt wurden. Im September 2018 wurden dann weitere Waren im Wert von 250 Mrd. US$ mit Einfuhraufschlägen von zehn Prozent belegt, die Anfang 2019 auf 25 % erhöht werden sollten (Amiti et al. 2019).

Der „Erfolg" der Zölle bestand vornehmlich darin, dass mit ihnen ein Wahlversprechen umgesetzt wurde. Das weitergehende Versprechen, dass die USA dank der Zölle in den Handelsbeziehungen „wieder siegen" (Trump), harrte jedoch weiterhin seiner Einlösung. Laut Ansicht der meisten Wirtschaftsexperten wird dieses Ziel mit Strafzöllen auch nicht erreicht werden können. Trumps Einfuhrzölle lösten Gegenmaßnahmen der Handelspartner aus, die 2018 US-Exporte im Wert von 121 Mrd. US$ mit Vergeltungszöllen belegten. Im Ergebnis verlieren bei einem Handelskrieg alle Beteiligten. Für die USA wurde 2018 ein Wohlfahrtsverlust von 17 Mrd. US$ errechnet. Das war zu verschmerzen, könnte in der Zukunft aber noch deutlich mehr werden, sollte die Trump-Regierung zum Beispiel ihre Drohung wahrmachen, die deutschen Autobauer aus Gründen der nationalen Sicherheit mit Strafzöllen zu belegen (Amiti et al. 2019, S. 4).

Bisher zahlten vor allem die inländischen Konsumenten die Preisaufschläge, während die staatlichen Einnahmen nicht im selben Maße wuchsen, weil die Käufer auf einheimische oder zollfreie, fremde Produkte auswichen. Generell lassen sich Arbeitsplätze in der verarbeitenden Industrie nur begrenzt zurückholen, weil der heimische Arbeitsplatzverlust nicht in erster Linie auf den Wettbewerbsdruck, sondern auf die technologische Entwicklung zurückzuführen ist. Das Handelsbilanzdefizit, das sowohl 2017 wie auch 2018 weiter anstieg, wird zudem durch eine Reihe anderer Faktoren stärker als durch die Einfuhrzölle beeinflusst. Trumps Steuersenkungen, sein *deficit spending* und der harte Dollar trieben das Defizit 2017 und 2018 weiter in die Höhe – und werden es auch 2019 tun.

4.3 Kampf gegen die liberale Ordnung

Der Zweifel daran, dass Trumps Strategien und Entscheidungen tatsächlich im US-amerikanischen Interesse waren, betraf nicht nur die Außenhandelspolitik, sondern zog sich durch seine gesamte Außenpolitik. Für das außenpolitische Establishment in Washington stand Trumps Außenpolitik im Zeichen einer Kampfansage gegen die liberale, regelbasierte internationale Ordnung *(liberal order)*, an deren Aufbau und Aufrechterhaltung die USA nach dem Zweiten Weltkrieg über sieben Jahrzehnte lang gearbeitet hatten. Trumps Rückzug aus TPP (das allerdings auch in weiten Teilen der Demokratischen Partei abgelehnt wurde), der Abbruch von TTIP, der Rückzug aus dem Pariser Klimaschutzabkommen oder die Aufkündigung des Nuklearabkommens mit dem Iran waren nicht allein dem brennenden Wunsch geschuldet, das politische Vermächtnis von Barack Obama auszuradieren, sondern entsprangen einer tiefen Überzeugung, dass den USA am besten gedient sei, wenn sie sich aus internationalen Organisationen und multilateralen Vereinbarungen zurückziehen.

Für die außenpolitischen Eliten in Washington – fast mehr noch der Republikaner als der Demokraten – verkörperte Trump mit seinem „Anti-Globalismus" eine existenzielle Bedrohung. Als sich Trumps Sieg in den Vorwahlen im März 2016 bereits abzeichnete, bezeichneten ihn über hundert professionelle Außenpolitikexperten der Republikaner in einem offenen Brief als „vollkommen ungeeignet" für das Amt. Auch noch nachdem er die Nominierung seiner Partei errungen hatte, erklärte ein halbes Hundert früherer Spitzendiplomaten, dass sie Trump nicht wählen würden, weil er charakterlich ungeeignet für das Präsidentenamt sei (Walt 2018a, b). Die ersten beiden Jahre der Trump-Regierung stellten dann unter Beweis, dass die so titulierten „Erwachsenen" im engsten Beraterstab des Präsidenten, deren Weltanschauung mit dem außenpolitischen Konsens der „liberalen Hegemonie" übereinstimmte, auf verlorenem Posten standen. Außenminister Rex Tillerson und die drei Generäle H. R. McMaster (nationaler Sicherheitsberater), James N. Mattis (Verteidigungsminister) und John F. Kelly (Heimatschutzminister, dann Stabschef) erklärten alle vorzeitig ihren Rücktritt, nachdem der Präsident sie diverse Male öffentlich vorgeführt hatte (Gordon und Shapiro 2019).

Trumps Abneigung gegen die liberale, regelbasierte Ordnung machte auch vor der Infragestellung jahrzehntelanger erfolgreicher Bündnisse und Sicherheitspartnerschaften nicht halt. Japan und Südkorea empfahl er zwischenzeitlich, sich selbst zu verteidigen – gegebenenfalls auch mit Nuklearwaffen. Als ihm bedeutet wurde, dass dies dem US-Interesse an der Nonproliferation von Nuklearwaffen zuwiderlief, ruderte er notgedrungen zurück. Trump scheute auch nicht davor zurück, die Nato für „obsolet" zu erklären, was er wieder zurücknahm, und die Beistandsverpflichtung nach Artikel 5 infrage zu stellen. Wie seine Vorgänger, nur deutlich undiplomatischer, forderte er von den Nato-Mitgliedsstaaten ein, dass sie ihren Beitragsverpflichtungen nachkommen müssen – am besten mit einem Umfang der Verteidigungsausgaben von vier Prozent des Bruttosozialprodukts anstelle der vereinbarten zwei Prozent. Auch wenn sie die selbstgesteckten Ziele nach wie vor nicht erreichen, verstärkten die Nato-Mitgliedsstaaten in den Jahren 2017 und 2018 erstmals seit langer Zeit wieder ihre Verteidigungsausgaben (Abrams 2019, S. 133). Dies konnte, bei kurzsichtiger Betrachtungsweise, als „Erfolg" der Trumpschen Außenpolitik bewertet werden.

Die Kosten dieses „Erfolgs" waren jedoch hoch: Das Misstrauen der europäischen Alliierten, ihrer politischen Führer wie der Bevölkerungen, gegenüber der Trump-Regierung erreichte ein solches Ausmaß, dass die transatlantische Partnerschaft nur noch auf dem Papier existierte. Für alle offensichtlich wurde der tiefe Vertrauensriss, der durch das Bündnis ging, auf der Münchener Sicherheitskonferenz im Februar 2019. Beide Seiten machten sich kaum noch die Mühe, diplomatische Umgangsformen zu wahren. Wolfgang Ischinger eröffnete die Konferenz in einem Kapuzenpulli mit EU-Emblem, um seinen Protest gegen die EU-kritische Haltung der Trump-Regierung zu demonstrieren. Die deutsche Bundeskanzlerin Angela Merkel machte sich darüber lustig, dass die USA deutsche Autos nun als Bedrohung ihrer nationalen Sicherheit verstanden wissen wollen. Und der amerikanische Vizepräsident Mike Pence hielt den europäischen Verbündeten eine Philippika, in der er ihnen unverblümt ihre Versäumnisse (Verteidigungsetat, Iran, Nord Stream 2, Venezuela) aufzeigte (Wright 2019).

Trumps erratische, von Widersprüchen und überraschenden Kehrtwenden gezeichnete Außenpolitik der ersten beiden Jahre war ein fortlaufendes Fiasko – nicht nur aus Sicht der Alliierten, sondern auch mit Blick auf den Weltführungsanspruch der USA. Ihre Glaubwürdigkeit als Garant der liberalen Ordnung hatte zwar schon unter George W. Bush gelitten und konnte auch von Obama nicht wieder vollständig hergestellt werden; unter Trump dankten die USA als glaubwürdige globale Supermacht aber vollkommen ab (Yarhi-Milo 2018). Sie erschienen nun zunehmend als „Schurken-Supermacht" (Kagan 2018) oder Führungsmacht einer „illiberalen Hegemonie" (Posen 2018), die – unbelastet von Wertvorstellungen oder einem historischen Gedächtnis – nur auf den kurzfristigen eigenen Vorteil aus war. Einem Realismus huldigend, wie er seit den Zeiten Henry Kissingers in den USA nicht mehr salonfähig schien, hofierte Trump die Autokraten dieser Welt, ohne sich für deren Menschenrechtsbilanz zu interessieren. Auch wenn er, wie im Umgang mit Russland und Saudi-Arabien oder beim angekündigten Rückzug aus Syrien und Afghanistan, immer wieder vom Kongress gebremst wurde, war die internationale Signalwirkung doch verheerend.

Trumps Abkehr vom wertebasierten liberalen Internationalismus kam den autokratischen Mächten (Russland, China, Iran. Nordkorea, den arabischen Diktaturen, Assads Syrien und den Taliban in Afghanistan) zugute, weil sie in das Vakuum, das die USA hinterließen, stoßen konnten. Trump betrieb zwar keine isolationistische Wendung nach innen, weil dies der militärisch-industrielle Komplex in den USA gar nicht zulassen würde (Harris 2018). Sein ausschließlicher Fokus auf militärische und ökonomische *hard power* führte die Welt aber in ein gefährliches Stadium des Großmächtewettbewerbs. Dieses vermeintlich realistische Leitbild konkurrierender Großmächte lag auch der neuen nationalen Sicherheitsstrategie der Trump-Regierung zugrunde (White House 2017). Entscheidungen wie die Verlegung der US-Botschaft in Israel nach Jerusalem, die Kündigung des INF-Vertrags mit Russland und die weitere Verstärkung des Verteidigungsbudgets fügten sich nahtlos in ein solches Weltbild ein, in dem „Frieden durch Stärke" und nicht durch internationale Kooperation bewahrt wird.

Trumps populistische Attacken auf die demokratischen Institutionen

Trumps Angriff auf die liberale, regelbasierte Ordnung war nicht auf die Außenpolitik beschränkt, sondern durchzog auch sein Verhältnis zu den politischen Institutionen im Inneren. Im Folgenden beschränkt sich die Analyse auf seinen Umgang mit den drei politischen Gewalten und den Medien, der oftmals so genannten „vierten" Gewalt, weil diese bundespolitisch die größte Bedeutung haben. Darüber hinaus waren aber auch andere Institutionen wie (Demokratisch regierte) Einzelstaaten und deren Gouverneure, die *Federal Reserve Bank* von New York, global agierende Unternehmen oder zivilgesellschaftliche Akteure nicht vor Attacken des Präsidenten gefeit, wenn sie sich ihm in den Weg stellten.

5.1 Führen durch Unterlassung und Einschüchterung

Nimmt man angesehene Messinstrumente wie die von *Congressional Quarterly* (CQ) seit mehr als sechs Jahrzehnten gemessene Erfolgsrate des Präsidenten zum Maßstab des Erfolgs im Umgang mit dem Kongress, so war seit Anfang der 1950er Jahre kein Präsident in seinen ersten beiden Jahren so erfolgreich wie Donald Trump. Im Jahre 2017 gewann Trump laut CQ 98,7 % aller Abstimmungen im Kongress, in denen er eine Position bezogen hatte – alle 35 im Haus (100 %) und 92 von 94 im Senat (97,9 %). Trumps Erfolgsrate sank zwar im Jahre 2018 auf 93,4 %, war damit aber immer noch der drittbeste jemals von CQ gemessene Wert. Nur Präsident Obama hatte in seinem ersten Jahr 2009 eine höhere Erfolgsrate von 96,7 % als Trump im Jahre 2018 (Bennett 2019).

Auch wenn für 2017 nachgewiesen werden konnte, dass CQ Trumps Erfolgsrate überschätzte, weil es vor allem die gegen den Widerstand von Trump verabschiedeten Russland-Sanktionen übersah (Bond 2019, S. 161–164), so wies

© Springer Fachmedien Wiesbaden GmbH, ein Teil von Springer Nature 2019
P. Horst, *Halbzeitbilanz der Trump-Regierung*, essentials,
https://doi.org/10.1007/978-3-658-26584-7_5

die alternative Berechnung der Erfolgsrate durch die journalistische Daten-Webseite *Fivethirtyeight* immer noch hohe Werte aus: 95 % für den Kongress insgesamt – 98,3 % im Haus und 91,7 % im Senat. Dies biss sich etwas mit Trumps bescheidenen Erfolgen, wie sie die die innen- und außenpolitische Bilanzierung in den beiden vorangehenden Kapiteln ergab. Erst 2018 sank die Erfolgsrate Trumps laut *Fivethirtyeight* (2019) auf ein realistisch anmutendes Maß von nur noch 80 % : 88,9 % im Haus und 69 % im Senat.

Die Gründe für die begrenzte Aussagekraft der präsidentiellen Erfolgsraten waren allgemeiner Natur, aber auch Trump-spezifisch: Die Erfolgsraten messen zunächst einmal nur die Häufigkeit, mit der einzelne Abgeordnete und Senatoren sowie der Kongress als Ganzes den Präsidenten bei Abstimmungen, in denen er eine Position bezogen hat, unterstützen. Methodisch ist es schon eine Herausforderung, die Position des Präsidenten zu jeder Abstimmungsfrage zu ermitteln. Der Gesetzgebungsprozess ist von einer hohen Dynamik gekennzeichnet, der sich die Positionen des Präsidenten anpassen müssen (Bycoffe 2017). Bei Trump kam hinzu, dass er zu vielen Fragen gar keine Position hatte oder bezog – oder diese aus Gründen politischer Opportunität überraschend überraschend wechselte. Manche Erfolge waren deshalb nur schlecht kaschierte Niederlagen oder symbolische Siege ohne nachhaltigen Effekt. Manche Niederlagen gingen gar nicht in die Bilanz ein, weil keine Abstimmungen stattfanden. Und immer war unklar, welchen Einfluss und welchen Anteil der Präsident am Zustandekommen eines Abstimmungserfolges überhaupt hatte (Bond 2019).

Trump erreichte nicht nur einen hohen Prozentsatz von Siegen bei den wenigen Abstimmungen im 115. Kongress, in denen er eine Position bezogen hatte; er konnte sich auch auf eine ausgeprägte Loyalität der Abgeordneten und Senatoren seiner Partei stützen – im Haus stimmten die Mitglieder seiner Partei in seinen ersten beiden Amtsjahren zu 93, im Senat zu 91 % mit ihm. Bei den umkämpften Abstimmungen, in denen die Zustimmung unter 80 % lag, stimmten die Republikaner im Kongress sogar zu durchschnittlich 96 % mit ihrem Präsidenten. Zum Vergleich: Obama wurde in seinen beiden ersten Jahren bei diesen umkämpften Abstimmungen nur von 90 % seiner Demokraten unterstützt (Frostenson 2019).

Auch die hohe Abstimmungskohäsion der Republikanischen Fraktionen in Haus und Senat konnte jedoch nur als ein unvollkommener Gradmesser für den Erfolg des Präsidenten gelten. Zunächst einmal war sie – wie auch in etwas geringerem Ausmaß diejenige der Demokraten – die Folge einer grundsätzlicheren Entwicklung: der weiter gewachsenen politischen Polarisierung der Abgeordneten und Senatoren beider Parteien, die im 115. Kongress keine ideologische Schnittmenge mehr aufwiesen. Zum zweiten resultierte sie – zumindest im Senat – auch aus dem knappen Mehrheitsverhältnis von zunächst 52 zu 48, seit der Nachwahl in Alabama im Dezember 2017 von nur noch 51 zu 49 Stimmen. Drittens war die hohe Abstimmungskohäsion angesichts der knappen Mehrheiten selbst bei einem *unified government* keine Erfolgsgarantie. Und viertens schließlich verdeckte die demonstrative Loyalität der Republikaner mit ihrem Präsidenten eine innere Zersplitterung der Partei in verschiedene Gruppierungen, die nur schwer miteinander auskamen (Edwards 2018).

Im Haus bestanden diese Faktionen aus dem konservativen *Republican Study Committee,* das 2017 etwa 150 Mitglieder zählte, der moderaten, aus etwa 50 Mitgliedern bestehenden *Tuesday Group* und dem erzkonservativen *Tea-Party*-Flügel, der sich im 31 Mitglieder starken *Freedom Caucus* organisierte. Vor allem der fanatische *Freedom Caucus,* der schon 2015 *Speaker* John Boehner (R-OH) gestürzt hatte, machte Nachfolger Paul Ryan (R-WI) das Leben schwer. Dem *Speaker* half es dabei nicht, dass er einen Präsidenten an der Seite hatte, mit dem er schon im Wahlkampf diverse Male aneinandergeraten war und der wenig Interesse an den inhaltlichen Details der Gesetzentwürfe hatte.

Das Scheitern des AHCA im Sommer 2017 hatte seine entscheidende Ursache in der ausbleibenden Führung durch den Präsidenten, die zwar von den Abgeordneten und Senatoren gewollt war, weil sie der fachlichen Kompetenz Trumps misstrauten. Die mangelnde Einbeziehung des Präsidenten wurde aber zum Bumerang, als er sich in die Verhandlungen einmischte und unterschiedlichen Gruppen verschiedene und widersprüchliche Dinge versprach. In einer entscheidenden Phase torpedierte Trump die Verhandlungen, als er in einem Tweet ankündigte, dass man sich auf den Widerruf des ACA beschränken und den AHCA später verabschieden könne. Eine solche Strategie spielte den Konservativen in die Hände, wurde aber von den moderaten Republikanern nicht akzeptiert, weil sie rücksichtslos gegenüber den Versicherten und Versicherungsgesellschaften war (Schier und Eberly 2017, S. 60–66).

Neben dem Führen durch Unterlassung und durch widersprüchliche Tweets bevorzugte Trump in seinen beiden ersten Jahren eine dritte Führungsstrategie, die ebenfalls nur begrenzten Erfolg zeitigte: die persönliche Einschüchterung. Im ersten Jahr seiner Präsidentschaft richtete er seine Wutanfälle auch noch gegen seine beiden wichtigsten Partner im Kongress, *Speaker* Ryan und *Majority Leader* Mitch McConnell (R-KY). Zumindest mit dem wortkargen McConnell konnte er nach anfänglichen Schwierigkeiten eine funktionierende Arbeitsbeziehung herstellen, weil dieser sich mit öffentlicher Kritik am Präsidenten extrem zurückhielt und ihm vor allem bei den Ernennungen von Richtern (siehe Abschn. 5.3) die größten Erfolge seiner Präsidentschaft bescherte.

Mit Ryan war es komplizierter. Die unterschiedlichen Herangehensweisen der beiden Republikanischen Kongressführer zeigte sich zum Beispiel nach den

Ereignissen von Charlottesville (Virginia). Dort war im August 2017 ein weißer Suprematist während einer Demonstration mit seinem Auto in die Gruppe der Gegendemonstranten gefahren und hatte eine Frau getötet sowie mehrere Menschen schwer verletzt. Trump hatte daraufhin geäußert, dass nicht alle Demonstranten Neo-Nazis und auf beiden Seiten „schlimme Leute" beteiligt gewesen wären. Während McConnell es verstand, sich vom Präsidenten zu distanzieren, ohne ihn namentlich zu erwähnen („There are no good neo-nazis"), kritisierte Ryan Trump persönlich für seine Relativierung der rechtsextremen Gewalt. Trump stauchte ihn daraufhin vor Augenzeugen am Telefon zusammen.

Ryan ging zwar nach Charlottesville auch dazu über, problematische Äußerungen und Tweets des Präsidenten nicht mehr öffentlich zu kommentieren, fand aber dennoch nie zu einem guten Verhältnis mit Trump. Mit Ausnahme der Steuersenkungen scheiterten viele Vorhaben Ryans – so zum Beispiel die von ihm seit Langem angestrebte Reform der drei großen Sozialversicherungsprogramme *Social Security*, *Medicare* und *Medicaid* – an der inneren Zerstrittenheit seiner Fraktion, die noch dadurch befördert wurde, dass Trump zumeist dem *Freedom Caucus* den Rücken stärkte. Ryan zog sich Ende 2018 nach 20 Jahren im Kongress aus der Politik zurück (Bade und Bresnahan 2018).

Der konservative *Speaker* war nicht das einzige Republikanische Kongressmitglied, das es vorzog, zur Mitte der ersten Amtszeit Trumps seine politische Karriere zu beenden. Andere Trump-Kritiker, von den Anhängern des Präsidenten gern als RINOs *(Republicans in Name Only)* tituliert, entschieden sich ebenfalls für den politischen Rückzug. Oftmals beugten sie sich damit der politischen Realität, dass sie eine Wiederwahl ohnehin nicht gewonnen hätten. Trumps Einschüchterungsstrategie beschränkte sich nämlich nicht nur auf den öffentlichen Pranger, sondern bezog oftmals auch die aktive Suche nach einem parteiinternen Herausforderer ein. Wer Trump öffentlich kritisierte, musste mit einer Herausforderung in der Vorwahl rechnen – eine politische Strategie, die in der Republikanischen Partei seit den Zeiten des *Tea-Party*-Aufruhrs Konjunktur hat (Boatright 2014).

Da Trump eine hohe Popularität bei den Republikanischen Parteianhängern genoss, war dies oftmals gleichbedeutend mit dem politischen Todesurteil. Senatoren wie Jeff Flake (R-AZ) oder Bob Corker (R-TN) und Abgeordnete wie Charlie Dent (R-PA) waren sich bewusst, dass sie gegen den Widerstand von Trump und seinen treuen Anhängern nicht wieder nominiert worden wären. Von der Last befreit, ein oder sogar zwei Wiederwahlkampagnen führen zu müssen, waren sie auch freier, den Präsidenten zu kritisieren oder sich ihm entgegenzustellen. Vor allem Corker, der Vorsitzende des Außenpolitischen Ausschusses im Senat, machte von dieser politischen Handlungsfreiheit öffentlichkeitswirksam

Gebrauch. Aber auch im Haus zog sich eine Reihe von Ausschussvorsitzenden mit der Begründung zurück, dass sie sich lieber für den Rest der Wahlperiode auf die wichtige politische Sacharbeit konzentrieren, als Wahlkampf führen wollten (Petulla und Hansler 2018).

5.2 Regierung der Skrupellosen und Unfähigen

Vielleicht mehr noch als durch Attacken auf den Kongress sowie einzelne Abgeordnete und Senatoren war die erste Halbzeit der Trump-Präsidentschaft durch ein beispielloses Chaos im Weißen Haus und in der Exekutive gekennzeichnet. Schon die Planung des Übergangs ins Präsidentenamt, die *Transition,* lief nur wenige Tage nach der Wahl aus dem Ruder (Burke 2018). Trump, der dieser Aufgabe vorher keinerlei Interesse entgegengebracht hatte, riss die Operation an sich, entließ Gouverneur Chris Christie (R-NJ), der bis dahin die Planungen geleitet hatte, und übertrug dem designierten Vizepräsidenten Mike Pence (R-IN) und Schwiegersohn Jared Kushner die Leitung der *Transition.* Christies Vorarbeiten, abgeheftet in vier prall gefüllten Aktenordnern, landeten im Papierkorb.

Die Konsequenz dieser unterbrochenen *Transition* waren nicht nur problematische Ernennungen wie diejenige des ersten Nationalen Sicherheitsberaters Michael Flynn, der nach 24 Tagen im Amt wieder zurücktreten musste, weil er Vizepräsident Pence über seine Treffen mit dem russischen Botschafter während des Wahlkampfes nicht die Wahrheit gesagt hatte. Vor allem verzögerte sich der Prozess der Sicherheitsüberprüfungen und Ernennungen, was dazu führte, dass zentrale Positionen in der Exekutive bis weit in das zweite Jahr hinein nicht besetzt werden konnten. Für die insgesamt über 1200 führenden Positionen in der Administration, die der Zustimmung des Senats bedürfen, waren nach einem Jahr überhaupt nur 567 Personen von Präsident Trump nominiert und 300 vom Senat bestätigt worden, erheblich weniger als bei seinen Amtsvorgängern Clinton, Bush und Obama (Lewis et al. 2018, S. 487).

Die Nichtbesetzung wichtiger Positionen wurde von Trump gelegentlich auch zur Strategie im Kampf gegen die überflüssige staatliche Bürokratie deklariert. Insofern mag hier nicht nur Inkompetenz, sondern auch absichtsvolles Handeln ursächlich für die Regierung der leeren Stühle gewesen sein. Besonders hinter der Ausblutung des *State Department* und der Nicht- oder sehr späten Besetzung diverser Botschafterposten wurde oftmals eine Strategie der „Dekonstruktion des administrativen Staates" oder des „deep state" (Chefberater Steve Bannon) vermutet. Außenminister Rex Tillerson, in seinem früheren Beruf CEO eines weltweit agierenden Erdölkonzerns, akzeptierte im ersten Jahr die von Trump vorgeschlagene Budgetkürzung um 33 %. Im Oktober 2017 hatte er 21 von 23 stellvertretenden Ministerposten noch nicht besetzt. Auch waren zu diesem Zeitpunkt 48 Botschafter noch nicht vom Senat bestätigt worden (Pfiffner 2018, S. 159–161).

Zahlreiche Minister der Trump-Regierung verfügten über wenig politische Erfahrung oder waren in der Vergangenheit als Gegner der jeweiligen politischen Mission ihres Ministeriums aufgetreten. Durchgängig akzeptierten sie zum Teil erhebliche Budgetkürzungen für ihre Behörde. So wurden eine Unternehmerin und Republikanische Fundraiserin mit einer Vorliebe für private Charterschulen Bildungsministerin (Betsy DeVos), ein Senator aus Alabama mit rassistischer Vergangenheit Justizminister (Jeff Sessions) und ein pensionierter Neurochirurg, der als Präsidentschaftskandidat dilettiert hatte, Wohnungsbauminister (Ben Carson). Der Klimawandelleugner Scott Pruitt, der als Justizminister von Oklahoma einen gerichtlichen Feldzug gegen die Umweltschutzbehörde EPA geführt hatte, wurde zum Direktor derselben Behörde ernannt.

Ryan Zinke (R-MT), einen passionierten Jäger, machte Trump zum Innenminister, zuständig für den Naturschutz. Rick Perry, der frühere Gouverneur von Texas, dessen erste Präsidentschaftskandidatur 2012 daran scheiterte, dass er die Abschaffung des Energieministeriums vorgeschlagen hatte, sich aber in einer Fernsehdebatte nicht mehr daran erinnern konnte, wurde Energieminister. Und Steven Mnuchin, einen Investmentbanker mit besten Kontakten zur Wall Street, berief Trump zu seinem Schatzminister. Er sorgte dann bei dem Steuersenkungsgesetz dafür, dass die Gewinnbeteiligung von Hedgefondsmanagern („carried interest loophole") weiterhin als Kapitalertrag (mit einem Steuersatz von bis zu 20 %) und nicht als Einkommen (mit einem Spitzensteuersatz von 37 %) besteuert wurde.

Die Selbstbereicherungsmentalität des Präsidenten, seiner Familie und seiner Administration war so schamlos, dass längst nicht mehr gebräuchliche Begriffe zur Bezeichnung überwunden geglaubter Herrschaftsformen wiederentdeckt wurden, um den Charakter der Trump-Regierung zu beschreiben: Kleptokratie, die Herrschaft der Plünderer, oder Kakistokratie, die Herrschaft der Schlechtesten (Johnson 2018, S. 9–87; Ornstein 2017; Horst 2018b). Während eine Reihe von Ministern über Korruptionsskandale stürzte – Gesundheitsminister Tom Price, EPA-Direktor Pruitt, Innenminister Zinke – blieben andere, die genauso hemmungslos die Staatskasse plünderten, um sich teures Tafelsilber für ihr Ministerium anzuschaffen (Carson) oder zu Privatterminen fliegen zu lassen (Mnuchin), im Amt. Am hemmungslosesten bereicherten sich ohnehin der Präsident und seine familiären Berater Jared Kushner und Ivanka Trump – es ist hier nicht der Platz, um auf das weitverzweigte Feld der weltweiten Geschäftsinteressen und Interessenskonflikte der notorisch kreditbedürftigen Familien Trump und

Kushner einzugehen (Dionne et al. 2017, Kap. 3 und 4). Hier interessieren vor allem die Folgen für die Regierungsorganisation und das alltägliche Funktionieren des Regierungsapparates.

Die folgenden drei Punkte erscheinen von besonderer Bedeutung: Erstens konnte Trump aufgrund seiner offen zutage liegenden, über Jahrzehnte hinweg öffentlich dokumentierten Korruption nur einen bestimmten Schlag von Mitarbeitern gewinnen. Kompetente und integre Personen standen verständlicherweise für eine Mitarbeit in der Trump-Regierung nicht zur Verfügung. Es kamen vor allem solche Personen infrage, die es unter normalen Umständen nie in derart hohe Positionen gebracht hätten und die selbst besonders ehrgeizig, korruptionsanfällig oder inkompetent waren. Im besten Fall noch mögen sie sich Illusionen über Trumps wahren Charakter gemacht haben. Solche Illusionen hätten aber bereits nach kurzer Zeit hinfällig sein müssen angesichts der Art und Weise, wie Trump seine Minister und engsten politischen Berater öffentlich abkanzelte oder vorführte. Symptomatisch in dieser Hinsicht war die erste Kabinettssitzung im Juni 2017, als die Minister der Reihe nach Ergebenheitsadressen an Trump vor laufenden Kameras abgeben mussten. Um so etwas mit sich machen zu lassen, bedarf es schon einer besonderen psychischen Ausstattung.

Zweitens führte Trump das Weiße Haus so, wie er auch seine Unternehmen geführt hatte. Planmäßige Arbeitsabläufe waren hier nicht durchsetzbar, wie die beiden Stabschefs Reince Priebus und John Kelly zu ihrem Leidwesen feststellen mussten. Der Präsident bevorzugte einen offenen Zugang zum *Oval Office;* er wollte viele konkurrierende Meinungen hören und am Ende selbst entscheiden. Die Zuständigkeiten waren deshalb unklar verteilt; es gab viele miteinander im Streit liegende Gruppierungen. So kämpfte zum Beispiel anfangs Chefberater Bannon gegen das Ehepaar Kushner-Trump um den bestimmenden Einfluss auf den Präsidenten. Bannon stand zusammen mit Handelsminister Wilbur Ross für die nationalprotektionistische Zollpolitik des Präsidenten, während Trumps Tochter und Schwiegersohn eher der Fraktion der „Globalisten" um Schatzminister Mnuchin und Wirtschaftsberater Gary Cohn zugerechnet wurden. Anders als Präsident Franklin D. Roosevelt, der diesen offenen, kompetitiven Führungsstil meisterhaft beherrscht hatte, fehlt es Trump aber an politischer Expertise und dem Willen, sich diese zu beschaffen (Lewis et al. 2018, S. 493–495).

Drittens schließlich verwunderte es angesichts des chaotischen und rauen Führungsstils Trumps nicht, dass viele seiner Mitarbeiter es nicht allzu lange an seiner Seite aushielten oder von ihm selbst „gefeuert" wurden. Von 24 Ministern wurden bis Ende des Jahres 2018 13 ausgetauscht oder traten von sich aus zurück (s. Tab. 5.1) – das waren mehr als in jeder der gesamten ersten Amtszeiten seiner drei Vorgänger Clinton, Bush und Obama. Von den Spitzenberatern des Präsidenten –

Tab. 5.1 Ministerrücktritte 2017/2018

Ministeramt	Amtsinhaber	Rücktritt	Grund
1. Stabschef	Reince Priebus	28.07.2017	RuD[a]
2. Heimatschutzminister	John F. Kelly	28.07.2017	Promotion
3. Gesundheitsminister	Tom Price	29.09.2017	RuD
4. Außenminister	Rex Tillerson	13.03.2018	RuD
5. CIA-Direktor	Mike Pompeo	13.03.2018	Promotion
6. Minister für Kriegsveteranen	David Shulkin	28.03.2018	RuD
7. EPA-Direktor	Scott Pruitt	05.07.2018	RuD
8. UN-Botschafterin	Nikki Haley	09.10.2018[b]	Rücktritt
9. Justizminister	Jeff Sessions	07.11.2018	RuD
10. Stabschef	John F. Kelly	08.12.2018	RuD
11. Budgetdirektor	Mick Mulvaney	14.12.2018	Promotion
12. Innenminister	Ryan Zinke	15.12.2018[b]	RuD
13. Verteidigungsminister	Jim Mattis	20.12.2018	RaP[c]

[a]Rücktritt unter Druck
[b]Datum der Rücktrittsankündigung, Rücktritt wirksam zum Ende des Jahres
[c]Rücktritt aus Protest
Quelle: Tenpas (2019)

seien sie definiert als das „A-Team" der 65 wichtigsten Berater oder als die zwei Dutzend Mitarbeiter mit dem Titel eines „Assistant to the President" – verließen den Präsidenten in den ersten beiden Jahren sogar zwei Drittel. Auch dies bewegte sich in einer Größenordnung, die seine Vorgänger seit Reagan erst nach vier Jahren im Amt erreichten (Tenpas 2019; Kumar 2019). Ein koordiniertes und kontinuierliches Regieren war mit einer solchen Fluktuation im Weißen Haus nicht möglich. Trumps Behauptung vom August 2018, dass seine Regierung „wie eine gut geölte Maschine mit wechselnden Teilen laufe" (Kumar 2019, S. 235), konnte als eine der vielen Unwahrheiten des Präsidenten verbucht werden.

5.3 Angriffe auf die Unabhängigkeit der Justiz

Aus Sicht der konservativen Anhänger des Präsidenten war sein Verhältnis zur dritten Gewalt von allergrößter Bedeutung. Das betraf zunächst einmal den *Supreme Court,* für den Trump bereits innerhalb der ersten beiden Jahre mit

Neil Gorsuch und Brett Kavanaugh zwei Richter nominieren konnte – so viele wie Clinton, Bush und Obama jeweils in zwei vollen Amtszeiten. Es könnten, besonders bei einer Wiederwahl, noch ein oder zwei mehr werden, da der Gesundheitszustand der 86-jährigen, von Clinton ernannten Ruth Bader Ginsburg nicht der beste ist. Auch der 80-jährige Stephen Breyer, ebenfalls ein Clinton-Vorschlag, ist in einem Alter, in dem jederzeit mit einem Rückzug oder einem Schicksalsschlag gerechnet werden muss.

Richter am *Supreme Court* versuchen zwar ihre Pensionierung solange hinauszuzögern, bis ein ihnen ideologisch genehmer Präsident im Amt ist, aber nicht immer lässt sich dieser Wunsch umsetzen. Trumps Ernennungen hielten bisher „nur" die konservative 5:4-Mehrheit im Gericht aufrecht, allerdings verschob der Wechsel von Anthony Kennedy zu Kavanaugh im Oktober 2018 die ideologische Balance des Gerichts besonders in gesellschaftspolitischen Fragen nach rechts. Mit einer weiteren Nominierung Trumps stünde dem Gericht eine erhebliche Machtverschiebung zugunsten der Konservativen ins Haus.

So großen Jubel Trumps Ernennungen der beiden konservativen Richter bei seinen politischen Anhängern auslösten, waren diese Nominierungen unter normativen Gesichtspunkten doch kritisch zu sehen. Gorsuchs Berufung an den *Supreme Court* im April 2017 wurde nur möglich, weil sich die Republikaner unter der Führung McConnells und Trumps nach dem Tode Antonin Scalias im Februar 2016 weigerten, den von Präsident Obama nominierten Merrick Garland überhaupt auch nur anzuhören. Nun könnte man sich darauf zurückziehen, dass dies ihr gutes Recht gewesen sei, weil sie über die Mehrheit im Senat verfügten. So einfach ist es aber nicht.

Die verfassungsrechtliche Aufgabe des Senats, den Präsidenten in der Ernennung der *Supreme-Court*-Richter zu beraten, wurde in der Vergangenheit nie so verstanden, dass eine solche Beratung auch verweigert werden könne. Die zehnmonatige Blockade McConnells und Trumps war präzedenzlos; sie verletzte eine ungeschriebene Norm der politischen Kultur. Mit dem Argument, dass der neue Präsident über die Nachfolge Scalias entscheiden solle, wurde die Nominierung zudem Gegenstand des Wahlkampfs und unnötig politisiert. Die Unabhängigkeit des Gerichts hat darunter genauso gelitten wie unter der Tatsache, dass McConnell Gorsuchs Berufung unter Außerkraftsetzung des *Filibuster* durchsetzte – die sogenannte „nukleare Option". Gorsuch bekam neben den 51 Stimmen der Republikaner nur drei Stimmen Demokratischer Senatoren, die 2018 auf Republikanischem Terrain zur Wiederwahl antreten mussten. Gorsuchs Sitz gilt den Demokraten seither als „gestohlener Sitz" (Höreth 2018).

Entsprechend hart wurde um die Nachfolge des zum 31. Juli 2018 zurückgetretenen *Supreme-Court*-Richters Anthony Kennedy gekämpft. Die Demokraten wollten den Republikanern ihre Blockadestrategie des Jahres 2016 heimzahlen; sie hatten aber das Problem, dass sie nach wie vor in der Minderheit im Senat waren und ihnen zudem die Möglichkeit des *Filibuster* von Mehrheitsführer McConnell aus der Hand geschlagen worden war. Trump konnte, da die einfache Mehrheit zur Bestätigung seines Kandidaten reichen würde, erneut einen sehr konservativen Richter nominieren. Seine Wahl fiel, nachdem ihn die konservative Juristenvereinigung *Federalist Society* mit einer Liste von 25 Namen versorgt hatte, auf Brett Kavanaugh, Richter am einflussreichen Berufungsgericht für den Hauptstadtbezirk.

Kavanaugh war aufgrund seiner Tätigkeit für *Independent Counsel* Kenneth Starr während des *Impeachment* gegen Bill Clinton und der anschließenden Arbeit für Präsident Bush für die Demokraten ein rotes Tuch. Seine Ansichten mit Blick auf präsidentielle Vollmachten und Immunitäten sowie seine Abtreibungsgegnerschaft wurden als besonders gefährlich für die geltende Rechtsprechung eingeschätzt. Kavanaugh sah sich zudem Vorwürfen sexueller Angriffe und eines übermäßigen Alkoholkonsums während seiner High-School-Zeit ausgesetzt, die seine Nominierung an den Rand des Scheiterns brachten. Seit den Anhörungen von Clarence Thomas und der Zeugenbefragung von Anita Hill im Jahre 1991 erzeugte keine Richterernennung zum *Supreme Court* mehr einen vergleichbaren öffentlichen Aufruhr. Kavanaugh, die Republikaner im Senat und Trump setzten trotz der #MeToo-Bewegung auf Offensive und kämpften die Nominierung gegen alle Widerstände durch. Nur 50 Senatoren stimmten für Kavanaugh – 49 Republikaner und als einziger Demokrat Joe Manchin aus West Virginia.

Die Abstimmung im Senat fand am 6. Oktober 2018, gut einen Monat vor den Halbzeitwahlen, statt. Trump machte erneut mit dem Kampf um den *Supreme Court* Wahlkampf. In einigen konservativen Staaten, in denen Demokraten ihre Sitze zu verteidigen hatten, half die Kavanaugh-Kontroverse den Republikanischen Kandidaten. Trump konnte so die Mehrheit der Republikaner im Senat leicht ausbauen – ein parteipolitischer Erfolg (Horst 2019, S. 53–55). Der *Supreme Court* allerdings wurde durch das Power Play der Republikaner nur noch tiefer in eine Legitimitätskrise gestürzt. Diese zeigte sich nicht nur in dem abnehmenden Vertrauen der Bevölkerung in das oberste Gericht – ein Trend, der schon seit Mitte der 1980er Jahre festzustellen ist (Thomsen-DeVeaux und Roeder 2018).

Sie zeigte sich vor allem darin, dass das Gericht nach 2010, als Elena Kagan auf John Paul Stevens folgte, erstmals in seiner Geschichte zu einem eindeutig parteilichen Gericht geworden ist, in dem die ideologischen Blöcke mit den Parteilinien übereinstimmen (Devins und Baum 2016). Und sie zeigte sich darin, dass eine Seite im politischen Wettbewerb, die Demokraten, die von den Republikanern praktizierten Regeln der Richterernennung nicht mehr akzeptiert. Die Demokraten, einschließlich zahlreicher Präsidentschaftskandidaten für 2020, ziehen mittlerweile auch ein *Court Packing* in Erwägung, um auf den „gestohlenen Sitz" und die Abschaffung des *Filibuster* bei Richterernennungen zu reagieren.

Richterernennungen zum *Supreme Court* sind nur die Spitze des Eisbergs. Dem Präsidenten obliegt es auch, die Bundesrichter an den erstinstanzlichen *(District Courts)* und an den Berufungsgerichten *(Circuit Courts)* zu nominieren. Hier war die Erfolgsbilanz des Präsidenten, hinsichtlich der konservativen Neuausrichtung der Gerichtsbarkeit sogar noch beeindruckender als im *Supreme Court*. Zu danken hatte Trump auch hier den Republikanern im Senat, die in den letzten beiden Amtsjahren Obamas den Richterernennungsprozess zum Erliegen brachten und damit Trump eine Rekordzahl von Vakanzen bescherten – 17 (von 179) Stellen an *Circuit Courts* und 88 (von 677) Stellen an *District Courts*.

Bei der Einsetzung der Berufungsrichter ging Trump mit „Bulldozer-Effizienz" (Wheeler 2018) vor: bis Anfang Dezember 2018 besetzte er 29 Positionen an Circuit Courts, so viele wie kein anderer Präsident zuvor in diesem kurzen Zeitraum. Dank der engen Koordination von Donald F. McGahn, bis Oktober 2018 Rechtsberater im Weißen Haus, mit der *Federalist Society* waren die ernannten Richter durchgängig sehr konservativ und jung. Auch wenn die ideologische Balance in den 13 *Circuit Courts* nur langsam kippt, ist die langfristige Wirkung beachtlich. Wenn alle derzeitig anhängigen Vakanzen gefüllt sein werden, hat sich der Anteil der aktiven Richterschaft an den Appellationsgerichten, der von Republikanischen Präsidenten ernannt wurde, von 44 % bei Amtsantritt Trumps auf 54 % erhöht (Wheeler 2018; Zengerle 2018).

5.4 Mit Desinformationskampagnen gegen den Qualitätsjournalismus

Die Überschrift zu diesem Abschnitt lautete in der ersten Fassung: „Die ‚vierte' Gewalt: Mit *Fox News* gegen die ‚Fake News'." Unter journalistischen Gesichtspunkten wäre dies zweifelsohne die einprägsamere Überschrift; ihre Ironie könnte jedoch missinterpretiert werden als eine Affirmation dieser Trumpschen Wahrheitsverdrehung, weshalb sie wieder vom Kopf auf die Füße gestellt wurde. Angesichts der hämmernden Desinformationskampagnen aus dem Weißen Haus und den rechtskonservativen Medien gilt es sich immer wieder vor Augen zu führen: Der mit Trump verbündete Sender *Fox News* hat die Verbreitung von „Fake News" gesellschaftsfähig gemacht, während die von Trump als „Fake News" bezeichneten CNN, *New York Times* oder *Washington Post* nach wie vor als Qualitätsmedien zu gelten haben, die sich erkennbar an einem klar definierten Berufskodex und -ethos orientieren.

Zu diesem Ethos gehört es, den Regierenden kritisch auf die Finger zu schauen, ohne deshalb zur „Oppositionspartei" (Bannon) oder zum „Feind des Volkes" (Trump) zu werden, wie Trump und seine Verbündeten in den Redaktionsbüros von *Fox, Breitbart* oder *Daily Caller* suggerieren möchten. Die Suggestion, dass die Qualitätsmedien im „vital center" (Arthur Schlesinger Jr.) der amerikanischen Gesellschaft schon immer einen liberalen Bias hätten, ist im Übrigen eine der ältesten Desinformationskampagnen der Bewegungskonservativen, die ihren Anfang schon in den 1940er und 50er Jahren nahm (Hemmer 2016).

Fox News, 1996 von Rupert Murdoch gegründet, war ursprünglich angetreten, um diesem angeblich liberalen Bias auf dem kommerziellen Fernsehmarkt etwas entgegenzusetzen. Trump und Murdoch kannten sich damals schon 20 Jahre, weil Trump seinen Aufstieg zum New Yorker Playboy-Mogul unter anderem über Murdochs Tageszeitung *New York Post* in Szene gesetzt hatte. Die beiden verband also bereits eine lukrative Geschäftsbeziehung, die sie nun im Fernsehen bei *Fox* fortsetzten. Trump tauchte dort in den 1990er und 2000er Jahren immer einmal wieder mit provokativen politischen Stellungnahmen auf und liebäugelte mit einer Präsidentschaftskandidatur. Für Trumps führende Rolle in der *Birther*-Bewegung, welche die Legitimität der Präsidentschaft Obamas in Zweifel zog, indem sie zunächst die Existenz, dann die Gültigkeit seiner Staatsbürgerurkunde anzweifelte, stellte *Fox* ebenfalls die Plattform bereit.

In diese Zeit der *Tea-Party*-Rebellion gegen Obama fiel auch der Wandel des um Seriosität bemühten konservativen Fernsehnachrichtensenders in einen offen parteiergreifenden, Verschwörungstheorien verbreitenden Propagandasender. Vor allem Glenn Beck und Sean Hannity taten sich hier unrühmlich hervor und wurden vom damaligen CEO Roger Ailes für ihre journalistischen Grenzüberschreitungen auch gerügt. Mit Ailes' Weggang nach einem sexuellen Missbrauchsskandal verließ ausgerechnet derjenige den Fernsehsender, der noch ein wenig auf journalistische Standards geachtet hatte (Mayer 2019; Mahler und Rutenberg 2019). Im Präsidentschaftswahlkampf 2015/2016 wurde *Fox* dann zum Haussender und Megafon Trumps. Einen solchen geldwerten Vorteil an freier Sendezeit, wie ihn die Fernsehsender auf den Spuren von *Fox* Trump einräumten, gab es in der Geschichte amerikanischer Präsidentschaftswahlen noch nie. Freie Fernsehzeit im Wert von 1,9 Mrd. US$ wurde Trump bis Februar 2016 zur Verfügung gestellt – mehr als Hillary Clinton, Bernie Sanders und den fünf wichtigsten Konkurrenten Trumps in der eigenen Partei zusammen (Horst 2016, S. 158).

Nachdem Trump ins Präsidentenamt eingezogen war, wurde die Verbindung zwischen *Fox* und dem Weißen Haus nur noch enger. Viele ehemalige *Fox*-Mitarbeiter (Wohnungsbauminister Carson, der dritte Nationale Sicherheitsberater John Bolton, sein Stellvertreter K. T. MacFarland, die Kommunikationschefs Scaramucci und Shine) zogen in die Regierung ein; ehemalige Mitarbeiter im Weißen Haus wie Kommunikationsdirektorin Hope Hicks oder Sicherheitsberater Sebastian Gorka wechselten durch die Drehtür zu *Fox*. Vor allem aber gab es enge Kommunikationskanäle zwischen Trump und Murdoch, der nach dem Abgang von Ailes wieder ins operative Geschäft zurückkehrte, sowie zwischen Trump und Hannity. Die beiden telefonierten täglich abends nach Hannitys Show, weshalb Berater im Weißen Haus den *Fox*-Moderator als Schatten-Stabschef titulierten.

Hannity war sich auch nicht zu schade, Wahlkampf für Trump bei den Halbzeitwahlen 2018 zu machen. Er lobte den Präsidenten auf offener Bühne dafür, seine Versprechen gehalten zu haben, und er stimmte in die Schelte der liberalen „Fake News" ein. *Fox* scheute auf dem Höhepunkt des Wahlkampfs im Oktober 2018 auch nicht davor zurück, eine Liveberichterstattung von der angeblichen „Migrantenkarawane" zu senden. Im Präsidentschaftswahlkampf 2016 war der Sender so weit gegangen, die Berichterstattung einer *Fox*-Journalistin über die Schweigegeldzahlungen des Trump-Anwalts Michael Cohen an die Pornodarstellerin „Stormy Daniels", mit der Trump eine außereheliche Affäre hatte, zu unterdrücken. Auch als die Reporterin den „Catch-and-Kill Deal" des *National Enquirer,* eines ebenfalls mit Trump gut zusammenarbeitenden New Yorker Boulevardblatts, entdeckte, berichtete *Fox* darüber nicht (Mayer 2019).

Die zentrale Funktion von *Fox* und des gesamten rechten, um die Nachrichten-Plattform *Breitbart* angesiedelten Online-Mediennetzwerks für Trump bestand darin, dass es seine Propaganda verstärkte und eine Gegenerzählung zum liberalen Medienestablishment stark machte, an die sich Trumps Basis klammern konnte (Benkler et al. 2018, S. 145–187). In dieser Gegenerzählung gab es keine geheimen Abreden zwischen Trump und Russland, nur zwischen Hillary Clinton und Russland. *Special Counsel* Robert Mueller stand an der Spitze eines Putsches des „deep state" gegen den Präsidenten. An zwei kritischen Zeitpunkten im ersten Jahr der Trump-Präsidentschaft ließ sich gut nachwiesen, wie *Fox* diese Funktion eines Propagandaarms für den Präsidenten wahrnahm.

Im Mai 2017, nachdem Trump FBI-Direktor James Comey entlassen hatte und die Mueller-Untersuchung in mögliche Geheimabsprachen zwischen Trumps Wahlkampfteam und Russland eingesetzt wurde, lenkte der Fernsehsender von der negativen Berichterstattung ab, indem er eine alte, bereits widerlegte Verschwörungstheorie neu belebte. Seth Rich, ein Mitarbeiter des *Democratic National Committee,* der im Juli 2016 in Washington ermordet aufgefunden worden war, sollte demnach die Clinton kompromittierenden Emails an die Russen geleakt haben. Und im Oktober 2017, kurz nachdem das FBI Paul Manaforts Büroräume durchsucht hatte, kramte das rechtskonservative Mediennetzwerk eine andere Verschwörungstheorie hervor, um die negative Berichterstattung auf den politischen Gegner umzulenken – den „Uranium-One"-Skandal. Clinton hatte als Außenministerin mit Russland einen Uranium-Deal abgeschlossen und erhielt angeblich im Gegenzug zwei Millionen Dollar an Spenden für die Clinton-Stiftung. In beiden Fällen gelang es *Fox,* die Berichterstattung auch der Mainstream-Medien in die gewünschte Richtung zu lenken.

Die Zusammenarbeit des Weißen Hauses mit *Fox* funktionierte in beide Richtungen: Nicht nur verbreitete *Fox* die Propaganda des Präsidenten; der Präsident und seine Mitarbeiter im Weißen bedienten sich auch hemmungslos bei den Desinformationen, die *Fox* und andere Medienproduzenten des rechten Netzwerkes in Umlauf brachten. So dürfte es dem Einfluss von *Breitbart* und Steve Bannon zuzuschreiben sein, dass Trump als Präsident seine restriktive Einwanderungspolitik zunehmend einem muslimfeindlichen Framing der Terrorismusbekämpfung unterzog, während er im Wahlkampf noch auf die vermeintlichen mexikanischen „Vergewaltiger" gezielt hatte (Benkler et al. 2018, S. 105–145).

Ein anderes Beispiel: Als Trump auf der Pressekonferenz am Tag nach den Halbzeitwahlen im November 2018 CNN-Reporter Jim Acosta, einem seiner Lieblingsfeinde aus den Reihen der von ihm so genannten „Fake News", das Fragerecht abschneiden ließ und es zu einem kleinen Gerangel zwischen Acosta und einer Praktikantin des Weißen Hauses um das Mikrofon kam, entzog das Weiße Haus ihm daraufhin die Akkreditierung. Pressesprecherin Sarah Huckabee Sanders begründete Acostas Suspendierung damit, dass er gegenüber der Praktikantin handgreiflich geworden sei. Zur Untermauerung ihrer Behauptung lud sie ein Video auf der Webseite des Weißen Hauses hoch, das von *Infowars,* der Webseite des rechtsextremen Verschwörungstheoretikers Alex Jones, manipuliert worden war.

Trumps Gesamtbilanz nach zwei Jahren   6

Trumps Gesamtbilanz nach zwei Jahren war nicht besonders eindrucksvoll, in vielen Bereichen mutete sie wie ein Fiasko an. Die größte innenpolitische Niederlage war das Scheitern des *American Health Care Act* im Sommer 2017. Obwohl die Republikaner seit sieben Jahren Sturm gegen die Gesundheitsreform Obamas gelaufen waren, hatten sie keinen Alternativentwurf in der Schublade und es gelang ihnen auch nicht, sich auf einen Kompromiss zu einigen. Das war nicht nur eine Blamage der Republikaner und ihrer Parteiführung, sondern auch Trumps, der seinem Selbstmarketing als größter Verhandler auf Erden nicht annähernd gerecht wurde.

Diese Verhandlungsqualitäten konnte er auch in anderen Zusammenhängen nicht unter Beweis stellen. Trump gelang es weder, den Kongress von der Notwendigkeit eines Mauerbaus an der Grenze zu Mexiko noch von einer Lösung für die *Dreamer* zu überzeugen. Auch scheiterte er daran, Deals mit Mexiko über die Finanzierung der Mauer, mit China über ein Handelsabkommen und mit Nordkorea über die Kontrolle des Nuklearwaffenprogramms abzuschließen. Der Trump vorauseilende Ruf, ein unzuverlässiger und gar betrügerischer Geschäftspartner zu sein, schreckte selbst Diktatoren wie Xi Jinping und Kim Jong-un ab, sich auf Absprachen mit ihm einzulassen.

Dort, wo Trump vermeintliche Deals mit autokratischen Regimen abschloss, war der Nutzen für die USA oftmals zweifelhaft oder drohte der Ausverkauf westlicher Werte und Menschenrechtsstandards. Trumps Waffenexportdeal mit Saudi-Arabien über angeblich 110 Mrd. US\$ im Juni 2017 beinhaltete nur Absichtserklärungen über Waffenkäufe bei US-Rüstungsherstellern, die alle bereits unter Obama auf den Weg gebracht worden waren. Die Begründung Trumps, Saudi-Arabien nach der brutalen Ermordung von Jamal Khashoggi, des saudischen Dissidenten und Kolumnisten der *Washington Post,* nicht mit

© Springer Fachmedien Wiesbaden GmbH, ein Teil von Springer Nature 2019   37
P. Horst, *Halbzeitbilanz der Trump-Regierung,* essentials,
https://doi.org/10.1007/978-3-658-26584-7_6

Wirtschaftssanktionen zu belegen, weil er diese Rüstungskäufe nicht gefährden wolle, war zynisch. Der Kongress stellte sich in diesem wie in anderen vergleichbaren Fällen dem Präsidenten oft in parteiübergreifender Geschlossenheit entgegen. Trump ignorierte aber die Willenserklärungen des Kongresses, wo es ihm möglich war.

Trumps größte innenpolitische Errungenschaft war das Steuersenkungsgesetz, das zwar von der großen Mehrzahl der Experten nicht als die geeignete Rezeptur für die wirtschafts- und haushaltspolitischen Probleme der USA angesehen wurde, aber in der Wirtschaft und bei den Geldgebern der Republikaner auf großes Wohlgefallen stieß. Sehr effektiv war Trump darüber hinaus mit seiner Deregulierungspolitik, die ebenfalls in weiten Teilen der Republikanischen Partei sehr populär war, auch wenn sie aus Gründen des Umwelt- und Naturschutzes unverantwortlich erscheinen mochte. Weniger populär waren dagegen bei wirtschaftsfreundlichen Republikanern die Einfuhrzölle, die Trump vor allem in seinem zweiten Amtsjahr verhängte. Sie konnten das Handelsbilanzdefizit nicht wie beabsichtigt verringern, sondern bewirkten im Zusammenspiel mit Trumps *deficit spending* sogar das Gegenteil.

Die Strafzölle waren genauso wie andere außenpolitische „Erfolge" der Trump-Regierung – die Aufkündigungen internationaler Abkommen (TPP, Pariser Klimaschutzabkommen, Iran-Deal, INF-Vertrag), die erfolgreich eingeforderten Finanzzusagen der Nato-Partner oder die Verlegung der amerikanischen Botschaft nach Jerusalem – eine Belastung für das Verhältnis zu den Nato-Partnern. Diesen erschien das Auftreten der „Schurken-Supermacht" (Kagan 2018) zunehmend als ein Angriff auf die liberale internationale Ordnung. Als vorläufiges Ergebnis der Trumpschen Außenpolitik nach zwei Jahren war demzufolge eine erhebliche Schwächung der atlantischen Allianz und eine Aufwertung autokratischer Regime zu konstatieren. Der Übergang in eine multipolare Weltordnung, in der die Supermacht USA und regionale Großmächte um Einfluss konkurrieren, wurde durch Trump auf Kosten eines wertebasierten liberalen Internationalismus „erfolgreich" vorangetrieben.

In einem solchen Sinne „erfolgreich", jedenfalls teilweise, war Trump auch in seinem Angriff auf die liberale politische Ordnung im Innern. Alle „vier" politischen Gewalten einschließlich der Medien stellten sich ihm zwar auch entgegen; dennoch zeitigten Trumps Attacken Wirkung. Im Verhältnis zum Kongress untergrub Trump die gewaltenverschränkte Ordnung weiter, indem er wenig Interesse an der Gesetzgebungsarbeit zeigte und sich stattdessen auf persönliche Verunglimpfungen per Twitter, Erpressungen durch *Government Shutdowns* oder demonstratives Regieren per exekutivem Ukas verlegte. Die Polarisierung zwischen den Parteien und die Radikalisierung der Republikaner, die bei den

Halbzeitwahlen im Repräsentantenhaus vor allem moderate Mitglieder verloren, trieb er weiter voran. Die Mitarbeiter im Weißen Haus, in den Ministerien und Behörden demoralisierte Trump durch eine „Dekonstruktion des administrativen Staates" im Sinne Bannons sowie eine beispiellose Kakistokratie und Kleptokratie.

Die Unabhängigkeit der Justiz unterminierte Trump durch seine Politisierung der Justiz, die von der Rede eines angeblichen „Obama-Richters" über die Diskreditierung führender Personen im Justizministerium und in den Strafverfolgungsbehörden bis hin zur konsequenten Nominierung konservativer Richter reichte. Besonders geschickt wusste Trump das rechte Medien-Netzwerk um *Fox*, *Breitbart* und *Daily Caller* in seinen Dienst zu stellen und zu einem Propagandainstrument des Präsidenten umzuformen. Die Glaubwürdigkeit der liberalen Leitmedien, die aufgrund ihrer professionellen Arbeit in den letzten zwei Jahren Vertrauen zurückgewonnen haben (NORC 2019), konnte er durch seine Desinformationskampagnen zwar nicht beschädigen. Sehr wohl aber gelang es ihm, ihre Agenda entscheidend mit zu beeinflussen.

Vor allem aber half ihm das rechte Medien-Ökosystem, das anders als das linke in sich abgeschlossen ist und wie eine Echokammer wirkt (Benkler et al. 2018), die konservative Parteibasis der Republikaner zu kontrollieren. Dass die Republikaner in den ersten beiden Jahren zu 80 bis 90 % hinter Trump standen war sein stärkstes Kapital. Wahrscheinlich war es auch die größte Leistung seiner Präsidentschaft angesichts der Tatsache, dass das Establishment der Partei ihn nicht als Kandidaten wollte. Trump verstand es aber, die Popularität bei den Republikanischen Parteianhängern so hochzuhalten, dass eine Revolte gegen ihn aussichtslos war und ist. William Weld, Gouverneur von Massachusetts von 1991 bis 1997 und 2016 Vizepräsidentschaftskandidat der *Libertarian Party*, ist als Herausforderer Trumps chancenlos. Von den prominenten Republikanern aus dem Establishment der Partei wagte sich bisher niemand hervor, um Trump in der Vorwahl der Republikaner für 2020 herauszufordern.

Was Sie aus diesem *essential* mitnehmen können

- Im historischen Vergleich war kein Präsident jemals so unpopulär wie Trump. Seine allgemeine Unpopularität kontrastierte mit einer konsistent hohen Popularität unter Republikanern. Im Urteil der Experten gehört Trump mit Andrew Johnson und James Buchanan zu den drei schlechtesten US-Präsidenten aller Zeiten.
- Trumps innenpolitische Halbzeitbilanz war mager. Er scheiterte mit dem *American Health Care Act*, dem Bau der Mauer im Süden, einer Einwanderungsreform und mit einer Lösung für die *Dreamer*. Seine größten Errungenschaften waren das Steuersenkungsgesetz und die Deregulierungen, die jedoch einseitig elitenfreundlich waren. Seine repressiven Maßnahmen in der Einwanderungspolitik („*Muslim Ban*", Familientrennung) waren wie seine gesamte Einwanderungspolitik hart umkämpft und erreichten ihre Ziele nicht.
- Trumps außenpolitische Halbzeitbilanz war ein Fiasko. Der Präsident konnte keinen großen Deal abschließen: nicht mit Mexiko über die Finanzierung der Mauer, nicht mit China über fairen Handel, nicht mit Nordkorea über die Kontrolle des Nuklearwaffenprogramms. Die Neuverhandlung von Nafta bedurfte noch der Zustimmung des Kongresses. Andere „Erfolge" wie die Strafzölle, die Aufkündigung internationaler Abkommen oder die Finanzzusagen der Nato-Partner untergruben die liberale internationale Ordnung.
- Katastrophal war Trumps Regierungstechnik. Sie bestand vor allem in populistischen Attacken auf die demokratischen Institutionen. Die US-Demokratie erodierte weiter, ohne jedoch bereits in den Autoritarismus abzugleiten.

© Springer Fachmedien Wiesbaden GmbH, ein Teil von Springer Nature 2019
P. Horst, *Halbzeitbilanz der Trump-Regierung*, essentials,
https://doi.org/10.1007/978-3-658-26584-7

Literatur

Abramowitz, Alan I., und Steven W. Webster. 2018. Negative Partisanship: Why Americans Dislike Parties But Behave Like Rabid Partisans. *Advances in Political Psychology* 39 (Suppl. 1): 119–135.

Abrams, Elliott. 2019. Trump Versus the Government: Can America Get Its Story Straight? *Foreign Affairs* 98 (1): 129–137.

Amiti, Mary, Stephen J. Redding, und David Weinstein. 2019. The Impact of the 2018 Trade War on U.S: Prices and Welfare. London: Centre for Economic Policy Research.

Bade, Rachael, und John Bresnahan. 2018. Ryan's legacy can't escape Trump. *Politico*, 19.12.2018.

Benkler, Yochai, Robert Faris, und Hal Roberts. 2018. *Network Propaganda: Manipulation, Disinformation, and Radicalization in American Politics*. New York: Oxford University Press.

Bennett, John T. 2019. Trump's winning pattern with legislation might become a thing of the past: CQ Vote Studies. *Roll Call*, 28.2.2019.

Boatright, Robert G. 2014. *Getting Primaried: The Changing Politics of Congressional Primary Challenges*. Ann Arbor: University of Michigan Press.

Böller, Florian, und Markus B. Siewert. 2017. 100 Tage Donald J. Trump. Eine frühe Bewertung einer (außer)gewöhnlichen Präsidentschaft. *Zeitschrift für Parlamentsfragen* 48 (2): 329–349.

Bond, Jon R. 2019. Validity and Reliability of Identifying Presidential Positions on Roll-Call Votes in the Age of Trump. *Presidential Studies Quarterly* 49 (1): 153–167.

Burke, John P. 2018. „It Went Off the Rails": Trump's Presidential Transition and the National Security System. *Presidential Studies Quarterly* 48 (4): 832–844.

Bycoffe, Aaron. 2017. Introducing the Trump Score. *Fivethirtyeight*, 30.1.2017.

CBO (Congressional Budget Office). 2019. *The Budget and Economic Outlook*. Washington, D.C. Januar.

Devins, Neal, und Lawrence Baum. 2016. Split Definitive: How Party Polarization Turned the Supreme Court into a Partisan Court. *The Supreme Court Review* 2016 (1): 301–365.

Dionne, Jr., E. J., Norman J. Ornstein, und Thomas E. Mann. 2017. *One Nation After Trump: A Guide for the Perplexed, the Disillusioned, and the Not-Yet Deported*. New York: St. Martin's Press.

© Springer Fachmedien Wiesbaden GmbH, ein Teil von Springer Nature 2019
P. Horst, *Halbzeitbilanz der Trump-Regierung*, essentials,
https://doi.org/10.1007/978-3-658-26584-7

Eady, Gregory, Justin S. Vaughn, and Brandon Rottinghaus. 2018. Comparing Trump to the greatest – and the most polarizing – presidents in US history. *Brookings FixGov*, 20.3.2018.

Edwards III, George C. 2018. „Closer" or Context? Explaining Donald Trump's Relations with Congress. *Presidential Studies Quarterly* 48 (3): 456–479.

Falke, Andreas. 2017. Trump im Amt: Ein Sprung in unbekannte populistische Gefilde. Bonn: Bundeszentrale für politische Bildung. 9.2.2017. http://www.bpb.de/242231, Zugegriffen: 27.2.2019.

Fivethirtyeight (2019). Tracking Congress in the Age of Trump. https://projects.fivethirty-eight.com/congress-trump-score/votes/?ex_cid=rrpromo. Zugegriffen: 16.3.2019.

Frostenson, Sarah. 2019. Republicans In Congress Have Been Very Loyal To Trump. Will It Last? *Fivethirtyeight*, 3.1.2019.

Gallup. 2019. Presidential Approval Ratings – Donald Trump. https://news.gallup.com/poll/203198/presidential-approval-ratings-donald-trump.aspx. Zugegriffen: 29.1.2019.

Gordon, Philip H., und Jeremy Shapiro. 2019. How Trump Killed the Atlantic Alliance. *Foreign Affairs*, 26.2.2019.

Gorod, Brianne J. 2019. The Supreme Court May Not Save the President This Time. 21.2.2019. https://takecareblog.com/blog/the-supreme-court-may-not-save-the-president-this-time. Zugegriffen: 8.3.2019.

Harris, Peter. 2018. Why Trump Won't Retrench: The Militarist Redoubt in American Foreign Policy. *Political Science Quarterly* 133 (4): 611–640.

He, Elaine, und Bloomberg Opinion Staff. 2019. President Trump's First Two Years, in 13 Metrics. 31.1.2019. https://www.bloomberg.com/graphics/2019-opinion-trump-two-years/. Zugegriffen: 27.2.2019.

Hemmer, Nicole. 2016. *Messengers of the Right: Conservative Media and the Transformation of American Politics*. Philadelphia: University of Pennsylvania Press.

Herbert, Jon, Trevor McCrisken, and Andrew Wroe. 2019. *The Ordinary Presidency of Donald J. Trump*. Palgrave Macmillan.

Höreth, Marcus. 2018. Kampf um den Supreme Court – Rationalität und Legitimität der Richterernennung. In *Die USA – eine scheiternde Demokratie?* hrsg. Patrick Horst, Philipp Adorf, und Frank Decker, 187–202. Frankfurt am Main/New York: Campus.

Horst, Patrick. 1995. *Haushaltspolitik und Regierungspraxis in den USA und der Bundesrepublik Deutschland*. Frankfurt am Main: Peter Lang.

Horst, Patrick. 2016. Die populistische Revolte in den USA – Donald Trump und die Zukunft der Republikanischen Partei. *Gesellschaft Wirtschaft Politik* 65 (2): 153–161.

Horst, Patrick. 2017. Bilanz der Präsidentschaft Barack Obamas: kein transformativer, aber ein effektiver und mutiger Leader. *Zeitschrift für Parlamentsfragen* 48 (2): 397–422.

Horst, Patrick, 2018a. Eine liberale Demokratie in der Krise. Die USA im Spiegel der Indizes empirischer Demokratiemessung und der Einstellungen ihrer Bürger. In *Die USA – eine scheiternde Demokratie?* hrsg. Patrick Horst, Philipp Adorf, und Frank Decker, 33–60. Frankfurt am Main/New York: Campus.

Horst, Patrick. 2018b. Korruption, Kleptokratie, Kakistokratie: vier Bücher zur Präsidentschaft Donald Trumps und ihren Gefahren für die US-amerikanische Demokratie. *Zeitschrift für Parlamentsfragen* 49 (3): 678–684.

Horst, Patrick. 2018c. Trump, beide Parteien und die US-Demokratie in Trouble. Die Republikaner verlieren bei den Halbzeitwahlen flächendeckend, können aber erwartungsgemäß den Senat halten. Kurzanalyse. 11.12.2018. https://regierungsforschung.de/trump-beide-parteien-und-die-us-demokratie-in-trouble/, Zugegriffen: 27.2.2019.

Horst, Patrick. 2019. Halbzeitwahlen 2018 in den USA: Ausbalancierung Trumps bei Wahlbeteiligung und Ausgaben in Rekordhöhe – Demokraten erobern das Repräsentantenhaus, sieben Gouverneursämter und sechs Staatenhäuser. *Zeitschrift für Politik* 66 (1): 34–62.

Horst, Patrick, Philipp Adorf, und Frank Decker (Hrsg.). 2018. *Die USA – eine scheiternde Demokratie?* Frankfurt am Main/New York: Campus.

Huq, Aziz. 2019. Has the Supreme Court Already Decided the Wall Case? *Politico,* 19.2.2019.

Johnston, David Cay. 2018. *Trump im Amt.* Salzburg/München: Ecowin.

Kagan, Robert. 2018. Trump's America does not care. *Washington Post,* 14.6.2018.

Konisky, David M., und Neal D. Woods. 2018. Environmental Federalism and the Trump Presidency: A Preliminary Assessment. *Publius: The Journal of Federalism* 48 (3): 345–371.

Kumar, Martha Joynt. 2019. Energy or Chaos? Turnover at the Top of President Trump's White House. *Presidential Studies Quarterly* 49 (1): 219–236.

Levitsky, Steven, und Daniel Ziblatt. 2018. *How Democracies Die.* New York: Crown.

Lewis, David E., Patrick Bernhard, und Emily You. 2018. President Trump as Manager: Reflections on the First Year. *Presidential Studies Quarterly* 48 (3): 480–501.

Mayer, Jane. 2019. The Making of the Fox News White House. *New Yorker,* 11.3.2019.

Mahler, Jonathan, und Jim Rutenberg. 2019. How Rupert Murdoch's Empire of Influence Remade the World. *New York Times Magazine,* 3.4.2019.

Mayhew, David R. 2005. *Divided We Govern. Party Control, Lawmaking, and Investigations, 1946–2002.* New Haven: Yale University Press.

Mayhew, David R. 2019. Important Laws Enacted During the 115th Congress of 2017/18. 1.1.2019. http://campuspress.yale.edu/davidmayhew/datasets-divided-we-govern/. Zugegriffen: 6.3.2019.

NORC (National Opinion Research Center) University of Chicago. 2019. General Social Surveys, 1972–2018. Confidence in the Press. https://gssdataexplorer.norc.org/trends/Politics?measure=conpress. Zugegriffen: 5.4.2019.

Ornstein, Norm. 2017. American Kakistocracy. *The Atlantic,* 9.10.2017.

Panda, Ankit, und Vipin Narang. 2019. The Hanoi Summit Was Doomed From the Start. *Foreign Affairs,* 5.3.2019.

Petulla, Sam, und Jennifer Hansler. 2018. There's a wave of Republicans leaving Congress, updated again. *CNN,* 5.6.2018.

Pfiffner, James P. 2018. Organizing the Trump Presidency. *Presidential Studies Quarterly* 48 (1): 153–167.

Piketty, Thomas, Emmanuel Saez, und Gabriel Zucman. 2018. Distributional National Accounts: Methods and Estimates for the United States. *The Quarterly Journal of Economics* 133 (2): 553–609.

Posen, Barry. 2018. The Rise of Illiberal Hegemony: Trump's Surprising Grand Strategy. *Foreign Affairs* 97 (2): 20–27.

Reich, Gary. 2018. Hitting a Wall? The Trump Administration Meets Immigration Federalism. *Publius: The Journal of Federalism* 48 (3): 372–395.

Schier, Steven E., und Todd E. Eberly. 2017. *The Trump Presidency: Outsider in the Oval Office*. Lanham: Rowman & Littlefield.

SCRI (Siena College Research Institute). 2019. Siena's 6th Presidential Expert Poll 1982 – 2018. 13.2.2019. https://scri.siena.edu/2019/02/13/sienas-6th-presidential-expert-poll-1982-2018/. Zugegriffen: 21.2.2019.

Tenpas, Kathryn Dunn. 2019. Tracking turnover in the Trump administration. March 2019. https://www.brookings.edu/research/tracking-turnover-in-the-trump-administration/. Zugegriffen: 27.3.2019.

Thomsen-DeVeaux, Amelia, und Oliver Roeder. 2018. Is The Supreme Court Facing A Legitimacy Crisis? *Fivethirtyeight*, 1.10.2018.

Thrower, Sharece. 2018. Policy Disruption Through Regulatory Delay in the Trump Administration. *Presidential Studies Quarterly* 48 (3): 517–536.

Thunert, Martin. 2017. Beispiellos: Die ersten sechs Monate der ‚Amerika zuerst'-Präsidentschaft Donald J. Trumps. *Gesellschaft Wirtschaft Politik* 66 (3): 327–338.

Trump, Donald J. 2015. *The Art of the Deal*. New York: Ballantine Books.

Villareal, M. Angeles, und Ian F. Ferguson. 2019. *NAFTA Renegotiation and the Proposed United States-Mexico-Canada Agreement (USMCA)*. Washington, D.C: CRS Report.

Walt, Stephen M. 2018a. The Donald Versus „The Blob". In *Chaos in the Liberal Order: The Trump Presidency and International Politics in the Twenty-First Century*, hrsg. Robert Jervis, Francis J. Gavin, Joshua Rovner, und Diane N. Labrosse, 40–46. New York: Columbia University Press.

Walt, Stephen M. 2018b. *The Hell of Good Intentions: America's Foreign Policy Elite and the Decline of U.S. Primacy*. New York: Farrar, Straus & Giroux.

Wheeler, Russell. 2018. Appellate Court vacancies may be scarce in coming years, limiting Trump's impact. *Brookings FixGov*, 6.12.2018.

White House. 2017. National Security Strategy of the United States of America. December 2017. https://www.whitehouse.gov/wp-content/uploads/2017/12/NSS-Final-12-18-2017-0905-2.pdf. Zugegriffen: 14.3.2019.

Wright, Thomas. 2019. The Moment the Transatlantic Charade Ended. *The Atlantic*, 19.2.2019.

Yarhi-Milo, Keren. 2018. After Credibility: American Foreign Policy in the Trump Era. *Foreign Affairs* 97 (1): 68–77.

Zengerle, Jason. 2018. How the Trump Administration Is Remaking the Courts. *New York Times Magazine*, 22.8.2018.